Renate Luscher

Wortschatz
Landeskunde

Schlüsselwörter
einfach erklärt

Orientierung, Einbürgerung
und Landeskunde Deutsch als
Fremdsprache

VERLAG für DEUTSCH
Renate Luscher

Mitarbeiterinnen und Mitarbeiter haben mit Vorschlägen und juristischem Sachverstand bei der Entstehung dieses Buchs mitgeholfen. Ihnen allen danke ich herzlich für ihre Zeit und Mühe. Ganz besonders danke ich Winfried Melchers und Wolf Schreyer für Korrekturen und die redaktionelle Durchsicht.

Das Werk und seine Teile sind urheberrechtlich geschützt. Jede Verwertung in anderen als den gesetzlich zugelassenen Fällen bedarf der vorherigen schriftlichen Genehmigung des Verlags.

Hinweis zu § 52a UrhG: Weder das Werk noch seine Teile dürfen ohne eine solche Einwilligung überspielt, gespeichert und in ein Netzwerk eingespielt werden. Dies gilt auch für Intranets von Firmen und von Schulen und sonstigen Bildungseinrichtungen.

Eingetragene Warenzeichen oder Marken sind Eigentum des jeweiligen Zeichen- bzw. Markeninhabers, auch dann, wenn diese nicht gekennzeichnet sind. Es ist jedoch zu beachten, dass weder das Vorhandensein noch das Fehlen derartiger Kennzeichnungen die Rechtslage hinsichtlich dieser gewerblichen Schutzrechte berührt.

4.	3.	2.	1.	Die letzten Ziffern bezeichnen
2021	20	19	18	Zahl und Jahr des Druckes.

1. Auflage 2018
© 2018 Verlag für Deutsch Renate Luscher e.K.
Max-Beckmann-Str. 4, 81735 München, Deutschland
Umschlag und Layout: Andreas Oft, München, www.grafik-oft.de
Druck: MERKUR Druck- und Kopierzentrum, Püchau
Printed in Germany

ISBN 978-3-19-341741-1 (Hueber Verlag)

Vorwort

Der „Wortschatz Landeskunde" wurde zusammengestellt, um allen, die sich mit Landeskunde beschäftigen, eine Nachschlagemöglichkeit zu bieten. Die Sammlung soll das Handwerkszeug sein, um Begriffe bzw. Schlüsselwörter besser zu verstehen und sich über politische und gesellschaftliche Zusammenhänge zu informieren.

Besonders unterstützt werden sollen diejenigen, die sich auf die Prüfung „Leben in Deutschland" und auf den „Einbürgerungstest" vorbereiten. Der Wortschatz setzt sich aus Schlüsselwörtern für Orientierungskurse nach dem Curriculum des Bundesamts für Migration und Flüchtlinge (BAMF), für den Test „Leben in Deutschland" und den „Einbürgerungstest" zusammen. Diese Wörter sind schwarz gedruckt. Die grün gedruckten Wörter gehen darüber hinaus und beziehen sich auf Themen der Landeskunde auf dem Niveau B2-C2. Die Auswahl umfasst auch Verben und Adjektive auf dem Niveau B1, die gebraucht werden, um über landeskundliche Inhalte Auskunft zu geben. Spezielle sprachliche Hilfen für Stellungnahmen und der Wortschatz für persönliche Bewertungen konnten in diesem Zusammenhang nicht berücksichtigt werden.

Zum besseren Verständnis werden die Bestandteile komplizierter zusammengesetzter Nomen, soweit möglich und nötig, genannt (z.B. Berufsinformationszentrum = der Beruf + die Information + das Zentrum). Auch werden zur Wortschatzerweiterung Verben mit Stammformen sowie Adjektive und weitere Nomen der betreffenden Wortfamilie aufgeführt (z.B. die Wahl; Verb: wählen, er/sie wählt, wählte, hat gewählt; die Demokratie; Adj.: demokratisch, Personen: der Demokrat, -en / die Demokratin, -nen). Die Pluralformen werden ausgeschrieben, wenn die Form einen Umlaut enthält oder unregelmäßig ist. Der Artikel Plural „die" wird überall weggelassen

Die Schlüsselwörter beziehen sich im Wesentlichen auf die Gebiete Politik, Geschichte und Gesellschaft. Auf dem Gebiet der Politik wurde auf Grundrechte, Verfassungsprinzipien, Rechte und Pflichten der Bürger und politische Teilhabe Wert gelegt. Nationalsozialismus, deutsche Geschichte, Wiedervereinigung und europäische Integration sind Inhalte im Bereich der Geschichte. Wörter auf dem Gebiet Gesellschaft beziehen sich auf Formen des Zusammenlebens, auf Gleichberechtigung, Erziehung und Religionsausübung. Einbezogen sind auch Themen wie Asylrecht, Staatsangehörigkeit, Flüchtlingsschutz usw. Geografische und kulturelle Inhalte sind nur am Rande erwähnt: z.B. Zugspitze; Bibliotheken, Theater, Museen.

Unser Ziel ist, die Sammlung entsprechend den Entwicklungen ständig zu verbessern und zu erweitern. Ihre Hinweise und Vorschläge sind jederzeit willkommen.

Verfasserin und Verlag

Abkürzungen:

A = Akkusativ
Adj. = Adjektiv
D = Dativ
Pl. = Plural
z.B. = zum Beispiel

Schwarze Schrift:
Schüsselwörter für Orientierungskurse, die Vorbereitung auf den Test „Leben in Deutschland" und den „Einbürgerungstest".

Grüne Schrift:
Für die Beschäftigung mit Themen der Landeskunde auf dem Niveau B2-C2.

- **Abendgymnasium (das), -gymnasien**
  der Abend + das Gymnasium

Das A. ist eine Schule für Erwachsene und Berufstätige. Im A. kann man neben dem Beruf das Abitur nachholen. Der Schulbesuch ist kostenlos.

- **Abgeordnete (der/die), -n**
  (!) der Abgeordnete / ein Abgeordneter

= Mitglied des Parlaments. Die deutschen Staatsbürgerinnen und -bürger wählen alle vier Jahre die Abgeordneten des Bundestags (siehe „Bundestagswahl"). Die Abgeordneten entscheiden frei nach ihrem Gewissen.

- **Abgeordnetenhaus (das)**
  die Abgeordneten (Pl.) + das Haus

  Das Abgeordnetenhaus ist das Landesparlament des Bundeslandes Berlin.

- **Abitur (das)**

Das A. ist der höchste Schulabschluss. Es ist die Voraussetzung für ein Studium an einer Universität oder Hochschule in Deutschland.

- **ablehnen**
  er/sie lehnt ab, lehnte ab, hat abgelehnt

= nicht einverstanden sein. Beispiel: Die meisten in Deutschland lehnen die Nutzung der Atomkraft ab.

- **Abmahnung (die), -en**
  Die A. ist ein Schreiben des Arbeitgebers an den Arbeitnehmer. Im Arbeitsrecht ist es der erste Schritt zur Kündigung. Entspricht der gelben Karte im Fußball. Der zweite Schritt ist die Kündigung selbst.

- **abschaffen**
  er/sie schafft ab, schaffte ab, hat abgeschafft

Beispiel: Die Grundrechte können nicht abgeschafft werden (= für ungültig erklärt werden).

- **abschieben**
  er/sie wird/wurde abgeschoben, ist abgeschoben worden; Nomen: die Abschiebung, -en

= aus dem Land ausweisen, polizeilich fortbringen. Beispiel: Wer straffällig wird und kein Bleiberecht hat, kann abgeschoben werden.

- **abstimmen**
  er/sie stimmt ab, stimmte ab, hat abgestimmt; Nomen: die Abstimmung

Beispiel: Das Parlament hat über das neue Gesetz abgestimmt.

- **Adenauer, Konrad (1876-1967)**

A. war der erste Bundeskanzler der Bundesrepublik Deutschland (1949-1963).

Er gehörte zu den Gründern der CDU und war Parteivorsitzender (1950-1966). Er stand für die Bindung an den Westen, die NATO, die Wiederbewaffnung der Bundesrepublik und die Aussöhnung mit Frankreich.

- **Adventszeit (die)**
  der Advent + die Zeit

Die A. sind die letzten vier Wochen vor Weihnachten. Man kauft einen Adventskranz mit vier Kerzen und zündet jede Woche bis Heiligabend eine Kerze an.

- **AfD (die)**

(= „Alternative für Deutschland") Rechtspopulistische Partei, gilt in Teilen als nationalistisch. Sie wurde 2013 gegründet und kam ab 2014 in einige Landesparlamente. 2017 zog sie nach den Bundestagswahlen in den Bundestag ein. Sie hat als Anti-Euro-Partei begonnen. Ziele: für einen Austritt aus der EU, keine Zuwanderung, kein Asylrecht, gegen die derzeitigen Klimaziele.

- **Agentur für Arbeit (die)**

= das Arbeitsamt. Wenn man arbeitslos ist und Arbeit sucht, muss man zur Agentur für Arbeit gehen.

Wer eine Arbeitserlaubnis hat und Arbeit sucht, kann sich in der A. beraten lassen und eine Stelle bekommen. Man kann aber auch im Internet, in der Zeitung oder direkt bei einer Firma nach einer Stelle suchen und sich bewerben. Siehe auch „Bundesagentur für Arbeit" und „Jobcenter".

- **Alleinerziehende (der/die), -n**
  allein + erziehen; Adj.: alleinerziehend
  (!) der Alleinerziehende / ein Alleinerziehender

Jede fünfte Familie besteht aus nur einem Elternteil, meist der Mutter, die das Kind oder die Kinder allein erzieht.

Viele Alleinerziehende, vor allem Frauen, brauchen finanzielle Hilfe, die sie vom Staat bekommen. Beispiele: Max Schmidt hat einen Sohn und ist durch Scheidung Alleinerziehender. Marion Lehmann hat zwei Töchter und ist auch Alleinerziehende.

- **Allgemeines Gleichstellungs- und Gleichbehandlungsgesetz**
  gleich + stellen / die Behandlung + das Gesetz; (!) das Allgemeine G.

(= AGG) Das Gesetz ist im August 2006 in Kraft getreten und basiert auf Artikel 3 des Grundgesetzes. Es gibt den rechtlichen Rahmen für einen einheitlichen Schutz gegen Diskriminierung: Jeder Mensch ist gleich wichtig und hat die gleichen Rechte, unabhängig von ethnischer Herkunft, Geschlecht, Behinderung, Religion, Weltanschauung, Alter oder sexueller Identität.

Das Gesetz soll Vielfalt und eine Gesellschaft ohne Diskriminierung voranbringen. Beim Bundesministerium für Familie, Senioren, Frauen und Jugend ist eine Antidiskriminierungsstelle geschaffen worden. So darf laut Gesetz ein Arbeitgeber einzelne Arbeitnehmer nicht aufgrund ihres Geschlechts zum Beispiel bei Kündigungen oder bei beruflichem Aufstieg benachteiligen. Eine Benachteiligung muss man allerdings beweisen.

- **Alliierte Besatzungsmächte (Pl.)**

    (!) die Alliierten Besatzungsmächte

    (kurz: die Alliierten) Die USA, die Sowjetunion, Großbritannien und Frankreich hatten sich gegen Hitler verbündet. Die alliierten Truppen (vor allem Engländer und Amerikaner) landeten am 6. Juni 1944 in der Normandie im Norden Frankreichs. Bomben fielen auf deutsche Städte. Von Osten kämpfte sich die „Rote Armee" bis Berlin und an die Elbe vor. Die Alliierten teilten Deutschland nach dem Ende des Zeiten Weltkriegs in vier Besatzungszonen auf: die amerikanische, die englische, die französische und die sowjetische Besatzungszone. Sie waren die vier Alliierten Besatzungsmächte. Siehe auch „Besatzungszone".

- **Alten- und Servicezentrum (das), -zentren**

    die Alten (Pl.) / der Service + das Zentrum

    Alten- und Servicezentren helfen älteren Menschen und ihren Familien. Sie unterstützen, damit Ältere möglichst lange unabhängig bleiben und zu Hause wohnen können. Sie vermitteln Hilfe und koordinieren die Versorgung, z.B. das Mittagessen, und die Betreuung. Außerdem bieten sie Kurse für Beratung und Information.

- **Altenhilfe (die)**

    die Alten (Pl.) + die Hilfe

    Maßnahmen und Initiativen zur Unterstützung alter Menschen. Dazu gehören Altersheime, Pflegeheime, ambulante Dienste und Sozialstationen oder finanzielle Hilfe durch das Sozialamt. Altenhilfe ist auch die soziale Betreuung in der Pflege und im Haushalt, z.B. durch die Caritas oder die Diakonie.

- **Alternative für Deutschland (die)**

    Siehe „AfD".

- **Altersvorsorge (die)**

    das Alter + die Vorsorge; Verb: vorsorgen, er/sie sorgt vor, sorgte vor, hat vorgesorgt

    Beispiel: Herr Müller hat für das Alter vorgesorgt: Er hat genug Geld zum Leben, wenn er nicht mehr arbeitet. Er bekommt eine Rente von der Rentenversicherung. Die Höhe ist davon abhängig, wie lange er gearbeitet hat und wie viel er verdient hat. Hinzu können eine private und eine betriebliche Altersvorsorge kommen (z.B. die private, staatlich geförderte Riester-Rente). Privat sind Lebensversicherungen, Aktien, Fonds, Immobilien (= Haus oder Eigentumswohnung). Betrieblich ist die Betriebsrente, für die der Arbeitgeber verantwortlich ist.
    Jeder Arbeitnehmer in Deutschland hat ein Recht auf eine betriebliche Altersvorsorge. Dafür gibt es Einrichtungen, die die staatlich geförderten Beiträge verwalten. Der Arbeitnehmer zahlt einen Teil seines Bruttolohns in die betriebliche Altersvorsorge ein. Der Arbeitgeber muss entscheiden, ob und wie viel er einzahlt.

- **Ältestenrat (der)**

    die „Ältesten" (Pl.) + der Rat

    Der Ä. unterstützt den Bundesratspräsidenten bei der Arbeit (siehe „Bundesrat"). Zum Ä. gehören das Präsidium (= Präsident und Vizepräsidenten des Bundestags) und 23 Abgeordnete. Die „Ältesten" sind Abgeordnete, die schon lange im Bundestag sind und sich gut auskennen. Der Ä. macht die Tagesordnung und kümmert sich um die Streitpunkte, wenn es Meinungsverschiedenheiten gibt.

- **Ampelkoalition (die)**
  die Ampel + die Koalition

Scherzhaft für Koalition aus Rot = SPD, Gelb = FDP, Grün = Bündnis 90/Die Grünen. Eine Ampel hat die Farben Rot, Gelb, Grün.

- **Amt (das), Ämter**

= Behörde, Administration, z.B. das Gesundheitsamt, das Ordnungsamt.

- **Amtsgericht (das), -e**
  das Amt + das Gericht

  Das A. ist ein unteres Gericht für kleinere Straftaten und Zivilsachen : Mietsachen, Familiensachen usw.

- **Amtssprache (die), -n**
  das Amt + die Sprache

Die A. ist die offizielle Sprache eines Landes. (Auch mehrere Amtssprachen sind möglich.) Die Institutionen der EU haben 24 gleichberechtigte Amtssprachen: Bulgarisch, Dänisch, Deutsch, Englisch, Estnisch, Finnisch, Französisch, Griechisch, Irisch, Italienisch, Kroatisch, Lettisch, Litauisch, Maltesisch, Niederländisch, Polnisch, Portugiesisch, Rumänisch, Schwedisch, Slowenisch, Slowakisch, Spanisch, Tschechisch, Ungarisch. Daneben existieren 60 Regional- und Minderheitensprachen. Baskisch und Katalanisch in Spanien gelten als halbamtliche Sprachen. Die Sprachenvielfalt ist ein Kennzeichen der EU.

- **anerkennen**
  er/sie erkennt an, erkannte an, hat anerkannt

Beispiele: Deutschland hat die Oder-Neiße-Grenze anerkannt. - Die Behörde hat das Zeugnis anerkannt. Es ist gültig.

  Die Anerkennung von Schulzeugnissen ist für eine berufliche Tätigkeit oder eine Ausbildung in Deutschland wichtig. Auskunft erhält man von der Arbeitsagentur, dem Jobcenter oder Beratungsstellen.

Wenn man in Deutschland studieren will, muss man seine Schulzeugnisse anerkennen lassen. Die Hochschulen sind für die Anerkennung zuständig.

- **Angehörige (der/die), -n**
  (!) der Angehörige / ein Angöriger

Mitglied einer Familie oder einer Gruppe.

- **Angeklagte (der/die), -n**
  (!) der Angeklagte / ein Angeklagter

Beispiel: Der A. wird beschuldigt, eine Straftat begangen zu haben. Er muss vor Gericht erscheinen.

- **Angestellte (der/die), -n**
  (!) der Angestellte / ein Angestellter

Beispiel: Wie viele Angestellte hat die Firma?

- **Anhänger (der), -**

= Jemand, der für eine bestimmte Sache ist, zum Beispiel der „Anhänger einer Partei".

- **Anspruch (der), Ansprüche**

Beispiel: Anna Neumann hat A. auf Kindergeld für ihre zwei Kinder. Sie muss Kindergeld vom Staat bekommen.

- **Antidiskriminierungsgesetz (das), Diskriminierungsverbot (das)**
  anti + die Diskriminierung + das Gesetz / das Verbot

Siehe „Allgemeines Gleichstellungsgesetz".

- **Antisemitismus (der)**
  Adj.: antisemitisch; Personen: der Antisemit, -en

= Judenhass . A. ist die Diskriminierung und Verfolgung von Menschen jüdischer Herkunft.
  Ihnen werden grundlegende Rechte abgesprochen, weil sie verantwortlich gemacht werden für religiöse, wirtschaftliche und politische Zustände.

In Deutschland reagiert man sehr empfindlich auf A. Die Untaten der Nazis gingen allerdings weit über den üblichen A. hinaus, obwohl es schon immer gewalttätige antisemitische Verfolgung gegeben hat (Pogrome). Der Holocaust ist ein Zivilisationsbruch und ein unvorstellbares Verbrechen (siehe „Holocaust"). Der allgemeine A. zeigt sich heute sehr oft als israelbezogener A.

Die Diskussion heute zeigt, dass es nie eine Stunde Null des A. gegeben hat. Juden wurden über Jahrhunderte verfolgt. Inzwischen ist in Deutschland eine Menge erreicht worden in der Bewältigung der Vergangenheit, aber Vorurteile und Stereotypen sind auch heute bis in die Mitte der Gesellschaft anzutreffen. Hinzu kommt ein A., der von Muslimen nach Deutschland getragen wird. Es ist eine gesamtgesellschaftliche Aufgabe, klar zu machen, dass Hass gegen eine Volksgruppe nicht geduldet wird.

• Antrag (der), Anträge

einen Antrag auf + A stellen. Beispiele: Marco ist Student. Er stellt einen Antrag auf Bafög. Er möchte Bafög bekommen, die staatliche monatliche Unterstützung für Studenten.
Der Abgeordnete hat im Parlament einen Antrag gestellt.

• Anwalt (der), Anwälte / die Anwältin (die), -nen

Siehe „Rechtsanwalt".

• Arbeit (die), -en

Verb: arbeiten, er/sie arbeitet, arbeitete, hat gearbeitet; Nomen: der Arbeitsplatz, - plätze; die Arbeitsstelle, -n

1. Beispiel: Leo hat eine gut bezahlte Arbeit gefunden.
2. Beispiel: Die Renovierung der Wohnung macht viel Arbeit. Die Arbeiten der Handwerker werden teuer.

• Arbeiter (der), - / Arbeiterin (die), -nen

Der Unterschied zwischen dem Angestellten (geistige Arbeit) und dem Arbeiter (körperliche Arbeit) gilt heute nicht mehr. Der Facharbeiter zum Beispiel ist sehr spezialisiert. Unterschieden wird nach der Art der Tätigkeit: Es gibt gelernte Arbeiter und ungelernte Arbeiter (= ohne Ausbildung). Z.B. Bauarbeiter, Landarbeiter oder Industriearbeiter.

• Arbeitgeber (der), -

Der A. – eine Person oder eine Firma - beschäftigt den Arbeitnehmer. Er schließt mit ihm einen Arbeitsvertrag und zahlt einen Lohn für seine Leistung.

A. kann sein: a) ein Einzelkaufmann oder eine Privatperson, b) eine Person privaten Rechts, z.B. eine Aktiengesellschaft, eine GmbH, ein Verein, c) eine Person öffentlichen Rechts, z.B. der Bund, das Land, die Gemeinde, eine Religionsgemeinschaft usw.

• Arbeitgeberverband (der), -verbände

der Arbeitgeber + der Verband

In Arbeitgeberverbänden sitzen Arbeitgeber bzw. Unternehmer, die gemeinsame Interessen haben gegenüber den Gewerkschaften und dem Staat.

Dachverband der Arbeitgeber ist die Bundesvereinigung der Deutschen Arbeitgeberverbände (BDA). Das größte Mitglied ist Gesamtmetall mit Arbeitgebern der Metall- und Elektroindustrie.

• Arbeitnehmer (der), -/ Arbeitnehmerin (die), -nen

= der/die Angestellte, -n; der/die Beschäftigte,-n; der Arbeiter, -/ die Arbeiterin, -nen

Arbeitnehmer sind in einem Betrieb beschäftigt. Der Eigentümer oder die Firma ist der Arbeitgeber.

- **Arbeitnehmerfreizügigkeit (die)**
  der Arbeitnehmer + die Freizügigkeit

  Die A. gilt für alle Mitgliedsstaaten der EU. Bürger der EU dürfen in jedem Mitgliedsstaat wohnen und arbeiten. Die A. ist weitgehend unabhängig von der Nationalität. Die A. ist in der Charta der Grundrechte der Europäischen Union festgelegt. Sie ist ein wichtiger Bestandteil des EU-Rechts.

- **Arbeitsagentur (die), -en**
  die Arbeit + die Agentur

  Siehe „Bundesagentur für Arbeit" und „Jobcenter".

- **Arbeitsbedingungen (die) (Pl.)**
  die Arbeit + die Bedingungen (Pl.)

  Die A. sind im Arbeitsvertrag geregelt. Dazu gehören die Definition der Arbeitsleistung und die Höhe des Lohns, außerdem: Probezeit, Arbeitszeit, Arbeitssicherheit, Urlaub, Sozialleistungen, Gesundheitsschutz, Kündigungsschutz und vieles mehr. Gesetze, Tarifverträge und/oder Betriebsvereinbarungen regeln die A.

- **Arbeitserlaubnis (die) oder Arbeitsgenehmigung (die)**
  die Arbeit + die Erlaubnis /
  die Genehmigung

  Ausländer aus Staaten außerhalb der EU und des EWR (= Europäischen Wirtschaftsraums) und der Schweiz dürfen nur arbeiten, wenn die Aufenthaltserlaubnis eine Arbeitserlaubnis enthält.
  Für Bürger der EU, des EWR und der Schweiz gilt Arbeitnehmerfreizügigkeit, d.h. sie dürfen in allen Ländern der EU eine Arbeit beginnen.
  Für geflüchtete Menschen hängt der Zugang zum Arbeitsmarkt von dem Status des Aufenthalts ab:
  1. Anerkannte Asylbewerber dürfen jederzeit eine Arbeit aufnehmen oder selbstständig arbeiten.
  2. Bei einem Verbot der Abschiebung (= Aufenthaltsgestattung) oder einer zeitweisen Duldung entscheidet die Ausländerbehörde im Einzelfall, ob eine Genehmigung zur Beschäftigung erteilt wird.
  3. Asylbewerber im laufenden Asylverfahren (bis zur Entscheidung über den Asylantrag) erhalten die Erlaubnis, in Deutschland zu leben und unter bestimmten Bedingungen zu arbeiten.
  4. Geflüchtete mit einem sicheren Aufenthaltsstatus können eine Ausbildung beginnen. Geduldete brauchen eine Erlaubnis.

- **Arbeitsgericht (das), -e**
  die Arbeit + das Gericht

  Das A. ist für Streitigkeiten zwischen Arbeitgeber und Arbeitnehmer zuständig: z.B. bei einer Kündigung, die der Arbeitnehmer nicht akzeptiert (Kündigungsschutzklage).

- **arbeitslos (Adj.)**
  Nomen: die Arbeitslosigkeit; Personen: der/die Arbeitslose, -n

  = ohne Arbeit.

- **Arbeitslosengeld (das) I und II**
  die Arbeitslosen (Pl.) + das Geld; Adj.: arbeitslos

  Geld von der Arbeitslosenversicherung für Arbeitslose. Das Arbeitslosengeld I (Abkürzung: ALG I) wird mindestens 12 Monate gezahlt. Der Empfänger muss mindestens 12 Monate Beiträge in die Versicherung eingezahlt haben.
  Das anschließende Arbeitslosengeld II (= ALG II = Hartz IV, früher getrennt in Arbeitslosenhilfe und Sozialhilfe) ist zeitlich nicht begrenzt. Es ist eine Grundsicherung für Arbeitsuchende.

- **Arbeitslosenversicherung (die)**
  arbeitslos (Adj.) + die Versicherung

  Die A. ist gesetzlich. Sie ist Pflicht. In die A. zahlen Arbeitgeber und Arbeitnehmer ein. Das Geld geht an die Bundesanstalt für Arbeit.

  Wer arbeitslos ist oder Arbeit sucht, bekommt für eine bestimmte Zeit Geld aus der A. Er muss in den letzten zwei Jahren mindestens 12 Monate gearbeitet haben und in die Versicherung eingezahlt haben. Versicherungsfrei sind z.B. Beamte, Selbstständige, Rentner und Geistliche.

- **Arbeitsmigration (die)**
  die Arbeit + die Migration; Personen: der Arbeitsmigrant, -en

  A. in Deutschland ist die Zuwanderung ausländischer Arbeitnehmer in den deutschen Arbeitsmarkt.
  Seit 2012 können Nicht EU-Fachkräfte die Blaue Karte der EU bekommen, die den Zuzug aus Drittstaaten ermöglicht. Voraussetzungen: Der Zuwanderer muss ein abgeschlossenes Hochschulstudium haben.
  Er muss in Deutschland mindestens Euro 52.000 pro Jahr verdienen. Mangelberufe, die dringend Zuwanderung brauchen, haben niedrigere Gehälter als Voraussetzung.
  Die EU hat 2017 neue Regelungen zur Arbeitsmigration innerhalb von Firmen getroffen, für Studenten, Forscher, Praktikanten und Saisonarbeiter. Näheres beim Bundesministerium des Innern.

- **Arbeitsrecht (das)**
  die Arbeit + das Recht

  Im A. stehen alle Gesetze und Bestimmungen für Arbeitnehmer, zum Beispiel Regelungen zur Arbeitszeit, zum Mindestlohn und zum Kündigungsschutz.

- **Arbeitsschutzregel (die), -n**
  die Arbeit + der Schutz + die Regel

  Die Schutzregeln sollen helfen, Unfälle in der Arbeit zu vermeiden und die Gesundheit der Beschäftigten zu schützen: Regelung von Urlaub, Arbeitszeit, Schutz bei Krankheit, Mutterschutz.
  Im Arbeitsschutzgesetz ist festgelegt, dass der Begriff des Beschäftigten alle Personen betrifft, die in einer Organisation tätig sind: alle Arbeitnehmer, auch Beamte, Praktikanten, Schüler, Studenten usw.

- **Arbeitsunfähigkeit (die)**
  die Arbeit + unfähig; Adj.: arbeitsunfähig (Gegenteil: arbeitsfähig)

  A. ist ein Begriff im Arbeitsrecht. Wer aufgrund einer Krankheit nicht mehr in der Lage ist, seinen Beruf auszuüben, ist arbeitsunfähig. Er bekommt bis zu sechs Wochen sein Gehalt weiter bezahlt.

- **Arbeitsvertrag (der), -verträge**
  die Arbeit + der Vertrag

  Der Arbeitnehmer bekommt bei Arbeitsbeginn einen A. Dieser enthält alle Regeln der Firma: die Höhe des Lohns oder Gehalts, die Arbeitszeit, die Zahl der Urlaubstage, Regeln bei Krankheit, die Länge der Probezeit (, die von beiden Seiten gekündigt werden kann).

- **Asyl (das)**
  1. ein Ort, der Schutz bietet,
  2. die Aufnahme eines Menschen, der verfolgt ist und Schutz sucht. Beispiel: um A. bitten. Der Flüchtling passierte die Grenze und bat um Asyl. Siehe „Asylrecht".

- **Asylant (der), -en / Asylantin (die), -nen**
  = Jemand, der um Asyl bittet. Achtung: Das Wort ist abwertend, d.h. wird als negativ empfunden und deshalb nicht gebraucht.

- **Asylberechtigte (der/die), -n**
  das Asyl + berechtigt (= das Recht haben auf + A); (!) der Asylberechtigte / ein Asylberechtigter

  = Jemand, der Anrecht auf Asyl hat. Asylberechtigt sind politisch verfolgte Menschen, die bei Rückkehr in ihr Heimatland schwere Menschenrechtsverletzungen erleiden würden. Dazu zählt Verfolgung aufgrund der Rasse (entsprechend der Genfer Flüchtlingskonvention), der Nationalität, der politischen Überzeugung, der religiösen Entscheidung oder der Zugehörigkeit zu einer bestimmten sozialen Gruppe (z.B. einer sexuellen Orientierung).
  Keinen Schutz bekommen Personen, die eine schwere Straftat begangen haben oder eine Gefahr für die Sicherheit und die Allgemeinheit bedeuten.

- **Asylbewerber (der), - / Asylbewerberin (die), -nen, auch: Asylsuchende (der/die) -n**
  das Asyl + der Bewerber / suchen;
  Verb: sich bewerben, er/sie bewirbt sich, bewarb sich, hat sich beworben;
  (!) der Asylsuchende / ein Asylsuchender

  = Jemand, der sich im Asylverfahren befindet. Er kann in Deutschland leben und unter bestimmten Bedingungen arbeiten. Die Arbeitsagentur muss zustimmen.
  Anerkannte A. bekommen eine Aufenthaltserlaubnis für 3 Jahre, dürfen sich niederlassen, wenn der Lebensunterhalt gesichert und Deutschkenntnisse vorhanden sind, dürfen arbeiten und Familienangehörige nachholen.

- **Asylrecht (das)**
  das Asyl + das Recht

  Das Recht auf Asyl steht in Deutschland im Grundgesetz Artikel 16a: „Politisch Verfolgte genießen Asylrecht." Das A. beruht also auf der völkerrechtlich verpflichtenden Genfer Flüchtlingskonvention und dem Grundgesetz.
  1993 wurde das Recht auf Asyl nach heftigen politischen Debatten eingeschränkt: Asylbewerber aus sicheren Drittstaaten haben kein Anrecht mehr auf Asyl. Sichere Drittstaaten sind Länder, in denen die Genfer Flüchtlingskonvention und die europäische Menschenrechtskonvention gelten. Die Liste der „sicheren" Staaten wird alle zwei Jahre überprüft. Menschenrechtsorganisationen wie Pro Asyl und das Deutsche Institut für Menschenrechte kritisieren, dass auf der Liste der „sicheren Herkunftsstaaten" auch Länder zu finden sind, die für bestimmte Menschen durchaus unsicher sind. Weitere Reformen sind seit 2014 in Kraft getreten.

- **Aufenthaltserlaubnis (die)**
  der Aufenthalt + die Erlaubnis

  Die A. ist befristet. Staatliche Stellen können sie verlängern.
  Staatsangehörige der EU und des EWR (= Europäischen Wirtschaftsraums) bekommen eine A., wenn Sie 1. in Deutschland eine Ausbildung machen möchten, 2. in Deutschland arbeiten möchten, 3. aus humanitären oder politischen Gründen in Deutschland bleiben möchten, 4. aus familiären Gründen nach Deutschland kommen, 5. in einem Mitgliedsstaat der EU wohnen und nach Deutschland kommen.
  Staatsangehörige von außerhalb der EU und des EWR (= Europäischen Wirtschaftsraums) brauchen ein Visum für die Einreise und eine A. für einen befristeten Aufenthalt.

- **aufteilen**
  er/sie teilt auf, teilte auf, hat aufgeteilt

  Beispiel: Deutschland wurde 1945 in vier Besatzungszonen aufgeteilt.

- **Ausbildung (die)**
  Verb: aus/bilden, er/sie bildet aus, bildete aus, hat ausgebildet; Adj.: ausgebildet

  Beispiel: Eine gute A. ist sehr wertvoll. Wer gut ausgebildet ist, hat bessere Chancen im Beruf.

- **ausführen**
  er/sie führt aus, führte aus, hat ausgeführt

  Beispiel: A hat befohlen, aber B hat den Befehl nicht ausgeführt.

- **Ausländer (der), - / Ausländerin (die), -nen**
  Adj.: ausländisch; Nomen: das Ausland; Personen: der Ausländer, - / die Ausländerin, -nen

  Beispiel: Ausländer sind Personen, die die Staatsangehörigkeit eines anderen Staates besitzen.

- **Ausländeramt (das), -ämter**
  die Ausländer (Pl.) + das Amt

  Wer nach Deutschland einreist, muss zum A. gehen. Dort erhält man einen Aufenthaltstitel. Das ist der Aufenthaltsstatus, der die Dauer des Aufenthalts festhält. Man bekommt auch die Berechtigung zur Teilnahme an einem Integrationskurs.

- **Ausländerbeirat (der), -beiräte**
  die Ausländer (Pl.) + der Beirat; auch Ausländer(bei)rat, Integrations(bei)rat oder Migrations(bei)rat.

  In Gemeinden und Städten wählt die ausländische Bevölkerung ca. alle 5 Jahre die Ausländerbeiräte. Die Beiräte beraten die Kommunen und vertreten die Interessen der ausländischen Mitbürger.

  Ausländerbeiräte gibt es seit 1971, um den ausländischen Einwohnern eine Stimme zu geben. Volljährige Ausländer, die mindestens 3 Monate in der Gemeinde wohnen, können wählen und gewählt werden. Die Bedingungen in den verschiedenen Kommunen sind aber unterschiedlich.

- **Ausschuss (der), Ausschüsse**
  In den parlamentarischen Ausschüssen sprechen die Abgeordneten über wichtige Themen, zum Beispiel über ein neues Gesetz. Sie machen Vorschläge im Parlament. Es gibt zum Beispiel den Ausschuss für Umwelt, Naturschutz und Reaktor sicherheit oder den Ausschuss für Arbeit und Soziales, der über Arbeitsplätze, Hilfen für Arbeitslose oder die Behindertenpolitik berät. Wichtig sind die Ausschüsse für Wirtschaft, Finanzen, Außenpolitik,

- **Außenpolitik (die)**
  Politik eines Staates, die die Beziehungen zu anderen Staaten beeinflusst und regelt. A. geschieht durch den Außenminister im Auswärtigen Amt.

- **Auswanderung (die)**
  Verb: auswandern, er/sie wandert aus, wanderte aus, ist ausgewandert; Personen: der Auswanderer, - = jemand, der ein Land verlässt.

  Siehe „Migration".

- **Auswärtiges Amt**
  (!) das Auswärtige Amt

  (kurz: AA) Das AA ist ein Bundesministerium. Sein Hauptsitz ist in Berlin. Es ist zuständig für die deutsche Außen- und Europapolitik. Sein Leiter ist der Außenminister, offiziell der Bundesminister des Äußeren.

- **Ausweispflicht (die)**
  der Ausweis + die Pflicht

  Deutsche müssen einen gültigen Personalausweis oder einen Pass besitzen. Es ist aber nicht Pflicht, ihn immer dabei zu haben.

  EU-Ausländer müssen bei der Einreise einen Reisepass oder einen anerkannten Ersatz bei sich haben. Nicht-EU-Ausländer müssen einen Reisepass mitführen.

- **Auszubildende (der/die), -n**
(!) der Auszubildende / ein Auszubildender

(kurz: Azubi) Jugendlicher/Jugendliche in der Berufsausbildung oder Lehre.

- **AWO (die)**

= die Arbeiterwohlfahrt. Die A. ist ein wichtiger Verband der freien Wohlfahrtspflege und ein großer Arbeitgeber. Sie kümmert sich um Menschen, die in einer sozialen Notlage sind. Ebenso betreut sie Menschen mit Behinderung und Senioren, verwaltet Kindergärten, Ganztagsschulen und Kliniken und berät Migranten.

- **Azubi (der/die), -s**

= der/die Auszubildende, -n
= Jemand in der beruflichen Ausbildung oder Lehre. Die ältere Bezeichnung ist „der Lehrling, -e". Siehe „Duales System".

- **BAMF (das)**

(= das Bundesamt für Migration und Flüchtlinge) Integration und Migration sind seit 2005 die Themen des BAMF. Es entscheidet über die Anerkennung von Asyl in Deutschland. Der Hauptsitz ist in Nürnberg. Das BAMF informiert
1. über Migration nach Deutschland (Einreise, Familiennachzug, Arbeit, Studium);
2. Aufenthalt in Deutschland (Einbürgerung, Deutsch lernen, Integration, Wohnen, Leben in Deutschland);
3. Asyl (Asylverfahren, unbegleitete Minderjährige, Familiennachzug, humanitäre Aufnahme);
3. Rückkehr (Rückkehrprogramme).

- **beantragen**
er/sie beantragt, beantragte, hat beantragt; Nomen: der Antrag, Anträge

Beispiel: Martin hat Formulare ausgefüllt und abgeschickt. Er möchte ein Stipendium beantragen/bekommen.

- **Beethoven, Ludwig van (1770-1827)**
Komponist, in Bonn geboren, lebte in Wien. Seine Musik gehört weltweit zum kulturellen Erbe. Die „Ode an die Freude" (ohne Text) aus seiner 9. Sinfonie ist auch die Europahymne.

- **befristet (Adj.)**
Nomen: die Frist

gilt für eine bestimmte Zeit (= eine Frist). Beispiel: Der Aufenthalt ist befristet.

- **Beglaubigung (die), -en**
Verb: beglaubigen, er/sie beglaubigt, beglaubigte, hat beglaubigt

Wichtige Dokumente, z.B. die Geburtsurkunde, müssen oft in die deutsche Sprache übersetzt werden. Die Übersetzung muss beglaubigt werden, das heißt ein Notar muss unterschreiben, dass die Übersetzung richtig ist.

- **Beitritt (der) der DDR**
   Verb: beitreten, er/sie tritt bei, trat bei, ist beigetreten; Gegenteil: der Austritt (z.B. aus einem Bündnis), Verb: austreten, er/sie tritt aus, trat aus, ist ausgetreten

Der B. der DDR zur Bundesrepublik Deutschland am 3. Oktober 1990 wird allgemein die „Wiedervereinigung" oder auch „Vereinigung" oder „die Wende" genannt.

- **benachteiligen**
   er/sie benachteiligt, benachteiligte, hat benachteiligt; Nomen: die Benachteiligung

Beispiel: Schwächere Schüler dürfen nicht benachteiligt werden. Sie sollen die gleichen Chancen haben.

- **Berlin**

B. ist die Bundeshauptstadt der Bundesrepublik Deutschland und zugleich ein Bundesland (= Stadtstaat). Sie ist mit fast 3,6 Millionen Einwohnern die größte Stadt Deutschlands. Nach dem Zweiten Weltkrieg wurde Berlin in vier Sektoren geteilt - einen amerikanischen, einen britischen, einen französischen und einen sowjetischen - und stand unter der Verwaltung der vier Siegermächte.

1948 wurde Bonn provisorische Bundeshauptstadt; Berlin (Ost) war Hauptstadt der DDR. Nach der Wiedervereinigung beschloss der Bundestag 1991 die Verlegung von Bundesregierung und Parlament von Bonn nach Berlin. Einige Ministerien residieren aber immer noch in Bonn.

Berlin wurde 1237 zum ersten Mal in einer Urkunde erwähnt. Im 18. Jahrhundert spielten Preußen und seine Hauptstadt unter Friedrich II. eine zentrale Rolle in Europa. 1871 wurde Berlin Hauptstadt des neu gegründeten Deutschen Reichs. Sie wurde auch Hauptstadt des sogenannten Dritten Reichs (1933-1945); hier festigte Adolf Hitler seine Diktatur und löste den verheerenden Zweiten Weltkrieg aus.

Wahrzeichen Berlins und Symbol der Wiedervereinigung ist das Brandenburger Tor. Die Mauer verlief in direkter Nähe des Tors. Berlin ist heute kultureller Mittelpunkt, Party-Hauptstadt, Hotspot der Start-up-Szene und Ziel vieler Künstler und Individualisten aus der ganzen Welt.

- **Berliner Mauer (die)**

Die B.M. wurde am 13. August 1961 gebaut. Am 9. November 1989 mit der Wende fiel die Mauer. Sie wurde von den Bürgern der Stadt abgerissen. Die Mauer hat 28 Jahre gestanden; jetzt sind es schon mehr als 28 Jahre her, dass die Mauer verschwunden ist.

Die DDR nannte sie den „antifaschistischen Schutzwall", als vermeintlichen Schutz gegen Feinde aus dem Westen. In Wahrheit hatten viele DDR-Bürger ihr Land in Richtung Westen verlassen; der Staat verhinderte dann mit dem Bau einer Mauer ihre Flucht. Während der Teilung Deutschlands waren die Westsektoren Berlins hermetisch abgeriegelt. Berlin war in einen West- und einen Ostteil getrennt. Viele kamen in den folgenden Jahren bei der Flucht ums Leben. Nach dem Fall der Mauer wurden Mauerstücke als Souvenir verkauft. An die Mauer erinnern heute nur noch wenige Reste und ein Streifen im Pflaster.

- **Beruf (der), -e**
  Adj.: berufstätig, beruflich

Beispiele: Ben war sein ganzes Leben lang berufstätig. Er war beruflich viel unterwegs.

- **Berufsausbildung (die)**
  der Beruf + die Ausbildung

Wer mindestens einen Hauptschulabschluss hat, kann mit einer B. beginnen. Sie dauert zwei bis drei Jahre und verläuft meist im dualen System, d.h. der Auszubildende lernt die Praxis in einem Betrieb und erwirbt das theoretische Wissen in einer Berufsschule.
Es gibt ca. 400 Ausbildungsberufe. Die Agentur für Arbeit informiert und berät bei der Berufswahl. Daneben gibt es aber auch weitere Möglichkeiten, sich zu informieren, z.B. auf Ausbildungsmessen, in den Schulen oder bei Schnupperpraktika.

- **Berufsfreiheit (die)**
  der Beruf + die Freiheit

Siehe „Freiheiten".

- **Berufsinformationszentrum (das), -zentren**
  der Beruf + die Information + das Zentrum

(kurz: BIZ) Das BIZ befindet sich in der Arbeitsagentur. Dort können kann man sich über Arbeit und Berufe informieren. Das BIZ hilft auch bei der Suche nach einer Lehrstelle.

- **Berufsschule (die), -n**
  der Beruf + die Schule

Die B. vermittelt zusätzliche Allgemeinbildung sowie praktische und theoretische berufliche Kenntnisse. Sie ist Teil des dualen Systems. Siehe „Duales System".

- **Berufsunfähigkeitsversicherung (die)**
  der Beruf + unfähig (Adj.)
  + die Versicherung

Die B. ist eine private Versicherung gegen Invalidität.

- **Besatzungszone (die), -n**
  die Besatzung + die Zone

Im Februar 1945 kurz vor Ende des Kriegs trafen sich Roosevelt (USA), Churchill (England) und Stalin (UdSSR) in Jalta auf der Krim. Sie beschlossen, dass Deutschland in vier Besatzungszonen mit einem Alliierten Kontrollrat aufgeteilt wird: in die amerikanische, die britische, die französische und die sowjetische Besatzungszone.

Thema war auch die Aufteilung der Gebiete im Osten und die Grenzen Polens.
Siehe auch „Vertreibung".

- **Bescheid (der), -e**

Beispiele: 1. „Ruf mich an, sag B., wenn du in Köln bist." 2. Ich warte auf einen B. der zuständigen Behörde.

- **beschließen**
  er/sie beschließt, beschloss,
  hat beschlossen

= sich entscheiden. Beispiele: 1. Ina hat beschlossen, Ingenieurin zu werden. 2. Das Gesetz ist mit großer Mehrheit beschlossen worden.

- **sich beschweren über + A**
  er/sie beschwert sich, beschwerte sich,
  hat sich beschwert; Nomen: die
  Beschwerde, -n

= protestieren gegen etwas/jemand. Beispiel: Ich werde mich wegen des Lärms beschweren.

- **Bestätigung (die), -en**
  Verb: bestätigen, er/sie bestätigt, bestätigte, hat bestätigt

Beispiel: Er braucht eine B. für seine Ausbildung.

- **bestehen / bestehen aus + D**
  er/sie besteht, bestand, hat bestanden

Beispiele: 1. Paula hat die Prüfung bestanden. 2. Die Bundesrepublik Deutschland besteht aus 16 Bundesländern.

- **bestrafen**
  er/sie bestraft, bestrafte, hat bestraft; Nomen: die Strafe, -n

Beispiel: Der Täter wurde mit einem Jahr Gefängnis bestraft.

- **Betreutes Wohnen**
  Verb: betreuen, er/sie betreut, betreute, hat betreut; (!) das Betreute Wohnen

B. W. ist eine besondere Wohnform. In diesen Wohnanlagen mieten ältere Menschen eine Wohnung und bekommen Hilfe. Sie wollen lange selbstständig leben.

- **Betrieb (der), -e**
  Adj.: betrieblich

1. Ein B. ist eine Einrichtung, die etwas produziert oder Dienstleistungen anbietet. Viele Betriebe haben eine betriebliche Altersversorgung.
2. in Betrieb setzen, z.B. eine Maschine: in Bewegung setzen.
3. Hier ist viel Betrieb: Es ist viel los.

- **Betriebsrat (der), -räte**
  der Betrieb + der Rat

Der B. ist die Vertretung der Arbeitnehmer in einer Firma. Er hilft Arbeitnehmern und Arbeitnehmerinnen bei Problemen mit dem Arbeitgeber, d.h. er vertritt die Interessen der Arbeitnehmer. Er bestimmt mit bei der Arbeitszeit, dem Arbeitsschutz, bei sozialen Einrichtungen (z.B. Kantine) und der Weiterbildung. Der Arbeitgeber muss ihn bei Kündigungen und Einstellungen informieren.

Als Betriebsrat/Betriebsräte werden auch die Mitglieder dieser Organisation bezeichnet. Die Betriebsräte werden alle vier Jahre gewählt. Arbeitnehmer eines Unternehmens mit mindestens fünf ständigen und wahlberechtigten Arbeitnehmern haben das Recht, einen Betriebsrat zu gründen (Betriebsverfassungsgesetz).
Die betriebliche Mitbestimmung ist zu unterscheiden von der Unternehmensmitbestimmung in Aufsichtsräten von Kapitalgesellschaften.

- **Bevölkerung (die)**

Alle Menschen, die in bestimmten geografischen Grenzen leben. Beispiel: Die Bevölkerung ist in Deutschland in den letzten Jahren gewachsen. Das zeigt die Bevölkerungsstatistik des statistischen Bundesamts.

- **Bewerbung (die), -en**
  Verb: sich bewerben, er/sie bewirbt sich, bewarb sich, hat sich beworben; Personen: der Bewerber, - / die Bewerberin, -nen

Eine B. besteht aus einem Anschreiben (Brief an die Firma), einem Foto, dem Lebenslauf und Zeugnissen auf Deutsch.

- **Bewohner (der), - / Bewohnerin (die), -nen**
  Verb: bewohnen, er/sie bewohnt, bewohnte, hat bewohnt

Beispiel: Die Bewohner dieses Hauses haben sich wegen des Lärms beschwert.

- **Bezirksamt (das), -ämter**
  der Bezirk + das Amt

Eine Stadt hat mehrere Bezirke. Die Bezirksämter verwalten diese Bezirke.

- **BFD (der)**

  Person: der/die Bundesfreiwillige, -n

  (= Bundesfreiwilligendienst) Die Bundesfreiwilligen werden auch Bufdis genannt.

  Nach dem Aus für den Zivildienst 2011 entstand der BFD, der sich an Männer und Frauen jeden Alters richtet.
  Bufdis engagieren sich im sozialen, ökologischen und kulturellen Bereich oder im Sport, der Integration oder im Zivil- und Katastrophenschutz. Der Dienst dauert zwölf Monate, mindestens sechs und höchstens 18 Monate.
  Einsatzstellen sind Einrichtungen der Wohlfahrtsverbände, Pflegeeinrichtungen, Kinderheime, Schulen, Jugendeinrichtungen, Sportvereine usw.

- **Bibliothek (die), en**

  Die Bibliotheken oder Büchereien in den Städten (= Stadtbibliotheken) bieten freie und meist kostenlose Benutzung. Neben Büchern haben die Benutzer Zugang zu Medien und digitalen Inhalten. Die Bibliotheken werden über Steuern bezahlt.

- **Bildungswesen (das)**

  Alle Schulen und Universitäten mit ihrer Verwaltung sind das B.

- **Binnenmarkt (der)**

  Am 1. Januar 1993 ist der Europäische B. gestartet. Er besteht aus vier Freiheiten: der Freiheit der Waren (freier Import und Export), des Kapitals (investieren und Geld anlegen, wo man will), der Dienstleistungen (Niederlassungsfreiheit) und der Freiheit für Arbeitskräfte, die EU-Bürger sind (arbeiten, wo man will).
  Der europäische Binnenmarkt ist der größte gemeinsame Markt der Welt.

  Grenzkontrollen sind weitgehen abgeschafft worden. Reisende können privat eingekaufte Waren einführen. Im freien Warenverkehr müssen gewerbliche Produkte im Bestimmungsland versteuert werden, denn die Steuern, z.B. die Mehrwertsteuer, sind in den einzelnen Ländern der EU verschieden.

- **Bio**

  (= biologisch, z.B. in Bioladen) Bio-Lebensmittel kommen aus der ökologischen Landwirtschaft. Es gibt eine gesetzliche Verordnung der EU: Diese Lebensmittel dürfen nicht gentechnisch verändert sein und werden ohne chemisch-synthetische Pflanzenschutzmittel angebaut.
  Tierische Produkte müssen von Tieren stammen, die artgerecht gehalten werden. Bio-Lebensmittel sind erhältlich in Bioläden, Reformhäusern, Naturkostläden und auch in Supermärkten.

- **Blockade (die)**

  Die Berliner Blockade dauerte vom Juni 1948 bis Mai 1949. Die Sowjetunion sperrte die Straßen und Bahnverbindungen durch die sowjetisch besetzte Zone. Berlin war eine Insel. Sie konnte nur durch die Luft, also durch einen „Korridor" erreicht werden. Briten und Amerikaner brachten Lebensmittel und Heizmaterial.

  Die politische B. ist ein strategisches Mittel, um Druck auf den Gegner auszuüben. Beispiele: Die Sitzblockade der Demonstranten dauerte die ganze Nacht. – Als Berliner Blockade wird die B. West-Berlins durch die Sowjetunion bezeichnet.
  Berlin lag als Insel in der Sowjetischen Besatzungszone. Deshalb wollte Stalin die Stadt in seine Gewalt bringen und verhängte eine B. In dieser Zeit versorgten amerikanische und britische Transportflugzeuge die Stadt, über die sogenannte Luftbrücke. Die Flugzeuge, Rosinenbomber genannt, landeten in Tempelhof, dem ältesten Berliner Flughafen, der erst 2008 geschlossen wurde. Heute ist er ein alternatives Freizeitgelände.

- **Brandenburger Tor (das)**

Das B. ist das Wahrzeichnen von Berlin. Es stand vor der Wiedervereinigung im Osten der Stadt; die Mauer stand in direkter Nähe.

Es wurde nach den Propyläen der Athener Akropolis Ende des 18. Jahrhunderts gebaut.

- **Brandt, Willy (1913–1992)**

B. war Politiker, Bundeskanzler von 1969–1974, davor Regierender Bürgermeister von Berlin. Seine neue Ostpolitik war auch das Ende des Kalten Kriegs. Für seine Ostpolitik bekam er 1971 den Friedensnobelpreis.

Die Ostverträge leiteten einen Kurs der Entspannung mit der Sowjetunion, der DDR, Polen und den anderen Oststaaten ein. Historisch war sein Kniefall 1970 im ehemaligen jüdischen Ghetto in Warschau, mit dem er Polen und die polnischen Juden um Vergebung bat.

- **Brexit (der)**

= der Austritt Großbritanniens aus der EU im März 2019. Das Land will aber weiterhin mit der EU partnerschaftlich verbunden sein.

- **Briefgeheimnis (das)**

der Brief + das Geheimnis

Das B. wird von der Verfassung demokratischer Staaten geschützt. Es ist ein Grundrecht, das die private schriftliche Kommunikation schützt (Grundgesetz Artikel 10). Niemand darf die Post eines anderen ohne zu fragen öffnen. Siehe „Grundrechte Artikel 10".

- **Briefwahl (die), -en**

der Brief + die Wahl

Briefwähler schicken ihren Stimmzettel in einem Brief an das Wahllokal. Sie gehen nicht persönlich zur Wahl.

- **Brotkultur (die)**

das Brot + die Kultur

„Die deutsche Brotkultur" wurde 2014 in das bundesweite Verzeichnis des immateriellen Kulturerbes aufgenommen. Es soll insgesamt ca. 3000 offiziell anerkannte Brotsorten geben: Mehrkornbrote, Weizenbrote, Brote mit Rosinen, Kartoffeln und Kürbis, Brote mit Quark oder Sonnenblumenkernen usw. Das erste Brotmuseum in Ulm zeigt eine Ausstellung mit 850 Brotsorten und mit der Geschichte des Brots.

- **Bruttogehalt (das)**
  brutto + das Gehalt (= der Verdienst, der Lohn)

Das B. ist das Geld, das ein Arbeitnehmer laut Arbeitsvertrag bekommt. Man unterscheidet Brutto- und Nettogehalt. Das Nettogehalt ist dann das Geld, das nach Abzug von Steuern und Sozialbeiträgen auf das Konto des Arbeitnehmers überwiesen wird.

- **Bücherverbrennung (die)**
  die Bücher (Pl.) + die Verbrennung.
  Verb: verbrennen, (es) verbrennt, verbrannte, hat verbrannt

Die bekannteste B. geschah am 10. Mai 1933 zur Zeit der Nazi-Diktatur. Es war eine von Studenten, Professoren und der Nazi-Partei NSDAP organisierte Aktion auf dem Berliner Opernplatz. Wo damals Bücher brannten, sieht man heute eine Platte mit folgender Aufschrift: „In der Mitte dieses Platzes verbrannten am 10. Mai 1933 nationalsozialistische Studenten die Werke Hunderter freier Schriftsteller, Publizisten, Philosophen und Wissenschaftler." Viele Künstler und Wissenschaftler verließen danach Deutschland und gingen ins Exil.

- **Buchmesse (die), -n**
  das Buch + die Messe

  Die weltweit größte B. findet in Frankfurt am Main statt. Die Leipziger B. ist groß geworden durch ihr besonderes Profil: Sie ist ein Lesefest mit Autorenlesungen an vielen originellen Orten der Stadt.

- **Bund (der)**
  (kurz für: die Bundesrepublik Deutschland) Der B. ist für die Außenpolitik, für Finanzen, den Zoll und die Landesverteidigung, für die Atomenergie, das Passwesen, die Währung und die Einwanderung zuständig.

- **Bundesagentur für Arbeit (die)**
  (= BA, auch Arbeitsagentur) Die Zentrale ist in Nürnberg. Es gibt 156 Agenturen für Arbeit in den Bundesländern. Die Agenturen beraten und fördern insbesondere Menschen, die einen Job suchen.

  Die Agenturen haben viele Aufgaben:
  1. Dort kann man einen Job suchen und Arbeitslosengeld beantragen.
  2. Die Agenturen informieren über Berufe, Studiengänge und Schulabschlüsse.
  3. Dort beantragen Familien Kindergeld.
  4. Menschen mit Behinderung können sich beraten lassen.
  5. Menschen aus dem Ausland suchen dort ein Praktikum oder lassen sich ausländische Abschlüsse anerkennen.
  6. Frauen informieren sich, wenn sie nach der Familienpause wieder in den Beruf gehen wollen.
  7. Außerdem kann man sich über Recht, Finanzen oder eine Existenzgründung informieren.

- **Bundesamt für Migration und Flüchtlinge (das) (= BAMF)**
  Siehe „BAMF".

- **Bundesflagge (die)**
  Siehe „Staatssymbol".

- **Bundeshauptstadt (die)**
  der Bund + die Hauptstadt

B. und Regierungssitz ist Berlin. Siehe „Berlin".

- **Bundeshymne (die)**
  der Bund + die Hymne

Das Deutschlandlied wurde 1841 von Heinrich Hoffmann von Fallersleben (1798–1874) gedichtet. Die Melodie stammt von Joseph Haydn (1732–1809). Offizielle Nationalhymne ist nur die dritte Strophe, die mit „Einigkeit und Recht und Freiheit" beginnt. Diese Strophe entspricht den Grundsätzen der Verfassung. Siehe „Staatssymbol".

- **Bundeskabinett (das)**
  der Bund + das Kabinett

Das B. ist die Bundesregierung der Bundesrepublik Deutschland. Es besteht aus dem/der Bundeskanzler/in und den Bundesministern und Bundesministerinnen. Es kann Gesetze vorschlagen.

- **Bundeskanzler (der), – / Bundeskanzlerin (die)**
  der Bund + der Kanzler/die Kanzlerin

Der/Die B. ist der/die Regierungschef/in der Bundesrepublik Deutschland. Der Bundestag wählt ihn/sie für vier Jahre. Er/Sie hat die Richtlinienkompetenz, das heißt er/sie bestimmt die Richtung der Politik. Zusammen mit den Ministern und Ministerinnen bildet er/sie die Bundesregierung.

- **Bundeskanzleramt (das)**
  der Bundeskanzler + das Amt

Das B. ist der Amtssitz des Bundeskanzlers / der Bundeskanzlerin.

- **Bundesland (das), -länder**
  der Bund + das Land

Deutschland besteht aus 16 Bundesländern: Baden-Württemberg (Landeshauptstadt Stuttgart), Bayern (München), Berlin, Brandenburg (Potsdam), Bremen, Hamburg, Hessen (Wiesbaden), Mecklenburg-Vorpommern (Schwerin), Niedersachsen (Hannover), Nordrhein-Westfalen (Düsseldorf), Rheinland-Pfalz (Mainz), Saarland (Saarbrücken), Sachsen (Dresden), Sachsen-Anhalt (Magdeburg), Schleswig-Holstein (Kiel), Thüringen (Erfurt). Nordrhein-Westfalen hat die meisten Einwohner.

> Die Bundesrepublik Deutschland hat eine föderalistische Struktur: Jedes Bundesland hat eine eigene Verfassung, eine eigene Regierung und ein eigenes Parlament, den Landtag. Berlin, Bremen und Hamburg haben als Regierung einen Senat. Die Bundesländer sind für die Verwaltung, das Verkehrswesen, das Schulwesen, die Kultur, den Strafvollzug und die Polizei zuständig. Leistungen für Asylbewerber werden von den Ländern bezahlt.

- **Bundesminister (der), – / Bundesministerin (die), -nen**
  der Bund + der/die Minister/in

Die Bundesminister und -ministerinnen bilden zusammen mit dem Bundeskanzler / der Bundeskanzlerin die Bundesregierung. Die Minister/Ministerinnen leiten die Bundesministerien.

- **Bundespräsident (der), -en**
  der Bund + der Präsident

Der B. ist das Staatsoberhaupt. Er wird von der Bundesversammlung für fünf Jahre gewählt. Er kann einmal wiedergewählt werden.

> Sein Sitz ist das Schloss Bellevue in Berlin. Dort empfängt er die Staatsgäste. Der B. steht über den Parteien und soll zwischen den gesellschaftlichen Gruppen vermitteln. Es gab bisher keine Bundespräsidentin.

- **Bundesrat (der)**
  der Bund + der Rat

Im B. sitzen die Vertreter der Landesregierungen der 16 Bundesländer. Er muss bei vielen Gesetzen zustimmen und kann auch Gesetze ablehnen.

- **Bundesregierung (die)**
  der Bund + die Regierung

Siehe „Bundeskabinett".

- **Bundesrepublik Deutschland (die)**
  der Bund + die Republik

(auch: Deutschland oder kurz: die Bundesrepublik) Die B.D. ist ein Bundesstaat. Er besteht aus 16 Bundesländern. Im Grundgesetz steht: „Die B.D. ist ein freiheitlich-demokratischer und sozialer Rechtsstaat." Die Staatsgewalt wird in drei unabhängige Säulen geteilt: die exekutive Gewalt (die Bundesregierung, die Landesregierungen und die Verwaltung), die legislative Gewalt (Bundestag und Bundesrat) und die judikative Gewalt (das Bundesverfassungsgericht in Karlsruhe). Siehe „Gewaltenteilung".
Von 1949 bis 1989 gab es zwei deutsche Staaten: Die Bundesrepublik Deutschland und die Deutsche Demokratische Republik (Abkürzung: DDR).

1949 Bundesrepublik Deutschland und DDR
- Die Bundesrepublik wird 1949 aus den drei westlichen Besatzungszonen gegründet. Am 23. Mai 1949 verkündet Konrad Adenauer als Präsident des Parlamentarischen Rats das Grundgesetz für die Bundesrepublik Deutschland und am 14. August 1949 findet die erste Wahl zum Deutschen Bundestag statt. Konrad Adenauer wird im September 1949 zum ersten Bundeskanzler gewählt.
- In der sowjetischen Besatzungszone wird am 7. Oktober 1949 die Deutsche Demokratische Republik gegründet. Deutschland ist geteilt.

Die 1950er-Jahre
- Ende der 1950er-Jahre beginnt der wirtschaftliche Aufstieg der Bundesrepublik, das „Wirtschaftswunder" genannt. Sogenannte Gastarbeiter werden aus Südeuropa, zuerst aus Italien, in die Bundesrepublik geholt. In der DDR geht der Wiederaufbau nur langsam voran. In der Planwirtschaft bestimmt der Staat, welche Waren produziert werden und wie sie verteilt werden.
- Am 5. Mai 1955 tritt die Bundesrepublik der NATO bei und am 14. Mai 1955 wird der Warschauer Pakt gegründet mit der DDR als Mitglied.
- Am 17. Juni 1953 gehen die Arbeiter in der DDR auf die Straße und protestieren gegen die Erhöhung der Arbeitsnormen (= Bestimmungen, wie viel in welcher Zeit produziert werden muss). Sowjetische Panzer beenden den Volksaufstand.

Die 1960er-Jahre
- DDR-Bürger flüchten in großer Zahl nach Westdeutschland. Die DDR schließt daraufhin die Grenzen und baut in Berlin eine Mauer. Nach dem Bau der Berliner Mauer 1961 trennt die innerdeutsche Grenze (= Teil des „Eisernen Vorhangs") zwei Machtblöcke. Das war die Zeit des „Kalten Kriegs".
- Die Studenten protestieren 1968 gegen die Fehler der Vätergeneration (siehe „Demonstration" 1968)

Die 1970er-Jahre
- Die neue Ostpolitik Willy Brandts (siehe „Brandt") führt zur politischen Entspannung (Friedensnobelpreis 1971). 1973 wurden die Bundesrepublik und die DDR Mitgliedsstaaten der UNO.
- Eine öffentliche Protestbewegung gegen die Nutzung der Atomkraft entsteht.
- Die Bundesrepublik erlebt aufregende Wochen durch den Terror der Roten Armee Fraktion (= RAF).

Die 1980er-Jahre
- Ab August 1989 finden die Montagsdemonstrationen in den großen Städten der DDR statt. Im September 1989 öffnet Ungarn seine Grenzen und 15 000 DDR-Bürger verlassen ihr Land über Ungarn und Österreich in die Bunderepublik. Weitere Demonstrationen für Meinungs- und Versammlungsfreiheit finden statt und für Reformen („Wir sind das Volk – Keine Gewalt").
- Am 18. Oktober tritt der Staatsratsvorsitzende Erich Honecker zurück.
- Am 9. November werden die Grenzen geöffnet, Zehntausende fahren nach Westberlin und feiern auf der Mauer vor dem Brandenburger Tor.

Die 1990er-Jahre
- Im Juni 1990 verabschieden die beiden deutschen Parlamente den Staatsvertrag, in dem die Schaffung einer Währungs-, Wirtschafts- und Sozialunion festgelegt wird. Am 1. Juli tritt der deutsch-deutsche Staatsvertrag in Kraft, die innerdeutschen Grenzen sind abgeschafft.
- Am 3. Oktober tritt die DDR der Bundesrepublik Deutschland bei (siehe „Wiedervereinigung").
- Krawall Rechtsradikaler und Ausschreitungen gegen Asylbewerber erschüttern das Land Anfang der 90er-Jahre.
- 1992 verabschiedet der Bundestag den Vertrag von Maastricht, den „Vertrag über die Europäische Union", der im November 1993 in Kraft tritt. Anfang 1993 beginnt auch der Europäische Binnenmarkt.
- Am 26. März 1995 tritt das Schengener Abkommen in Kraft: Die Personenkontrollen an den innereuropäischen Grenzen werden abgeschafft.

seit 2000
- Am 1. Januar 2002 führen Deutschland und elf weitere Mitgliedstaaten der EU den Euro ein.
- Ab Mai 2011 brauchen Menschen aus 8 osteuropäischen Staaten keine Arbeitserlaubnis mehr.
- Im August 2011 beschließt das Parlament den Atomausstieg.
- Im Jahr 2015 strömen Flüchtlinge aus den Kriegsgebieten des Nahen Ostens und den Krisengebieten Afrikas nach Europa und Deutschland. In den folgenden Jahren sinken die Zahlen, da die Fluchtwege zum Teil versperrt sind. Die Aufnahme von Geflüchteten wird zu einer politischen, gesellschaftlichen und sozialen Aufgabe.

• Bundesstaat (der)
der Bund + der Staat

Die Bundesrepublik Deutschland ist ein demokratisch-parlamentarischer Bundesstaat. Sie besteht aus 16 Bundesländern, die eine gemeinsame Regierung haben. - Die EU ist ein Staatenbund aus Mitgliedstaaten, die gemeinsam handeln, aber keinen gemeinsamen Staat bilden.

• Bundestag (der)
Der Bundestag ist das Parlament der Bundesrepublik Deutschland. Er versammelt sich (= tagt) in Berlin im Reichstagsgebäude. Im B. sitzen die Abgeordneten. Sie werden alle vier Jahre von allen Bürgern in Deutschland gewählt. Sie beschließen neue Gesetze oder ändern Gesetze, wählen den Bundeskanzler und kontrollieren die Arbeit der Regierung. Der Bundestag ist das Herz der Demokratie in Deutschland. Die Versammlungen kann man besuchen.

- **Bundestagspräsident (der), -en / Bundestagspräsidentin (die), -nen**
  der Bundestag + der Präsident / die Präsidentin

Die stärkste Fraktion stellt den Bundestagspräsidenten. Er/Sie ist der Chef des Bundestags und leitet die Sitzungen im Parlament. Vizepräsidenten/Vizepräsidentinnen helfen ihm/ihr bei der Arbeit.

- **Bundestagswahl (die), -en**
  der Bundestag + die Wahl

Die Bürger wählen den Bundestag alle vier Jahre. Wählen darf, wer Bürger/Bürgerin der Bundesrepublik Deutschland ist und mindestens 18 Jahre alt ist. Siehe „Wahlen".

- **Bundesverdienstkreuz (das), -e**
  der Bund + das Verdienst + das Kreuz

Mit dem B. wird geehrt, wer auf politischem, wirtschaftlichem, kulturellem, geistigen oder sozialem Gebiet eine besonderes Leistung erbracht hat.

- **Bundesverfassungsgericht (das)**
  der Bund + die Verfassung + das Gericht

Das Bundesverfassungsgericht ist das höchste deutsche Gericht. Es hat seinen Sitz in Karlsruhe. Es ist zuständig für das Grundgesetz.
  Gegen beschlossene Gesetze können z.B. eine Landesregierung oder Bundestagsabgeordnete eine Verfassungsklage erheben; das B. stellt dann fest, ob das Gesetz oder das Urteil verfassungskonform ist. Das Urteil des B. ist endgültig. Auch Privatleute können Beschwerden in Karlsruhe anmelden, diese müssen aber zuerst durch alle Instanzen der Gerichte gegangen sein und auch vom B. angenommen werden.

- **Bundesversammlung (die)**
  der Bund + die Versammlung

Die Bundesversammlung wählt den Bundespräsidenten. Sie tritt alle 5 Jahre zusammen. In der B. kommen die Abgeordneten des Bundestags und Persönlichkeiten des öffentlichen Lebens zusammen, die von den Parlamenten der Bundesländer ausgewählt werden.

- **Bundeswappen (das)**
  der Bund + das Wappen

Siehe „Staatssymbole".

- **Bundeswehr (die)**

  = die deutsche Armee. Die 1955 gegründete B. ist eine Parlamentsarmee, die der Demokratie und dem Rechtsstaat verpflichtet ist. Jeder Einsatz braucht die Zustimmung des Bundestags.
  Der Wehrdienst wurde 2011 ausgesetzt. Er ist nach über 50 Jahren freiwillig geworden Das Selbstverständnis des Soldaten als „Bürger in Uniform" bleibt aber erhalten. Der Auftrag der B. hat sich in den letzten Jahren stark gewandelt. Neben der Landesverteidigung und Bündnispflichten in der NATO sind auch weltweite Aufgaben im Rahmen von UN-Missionen und europäischen Einsätzen getreten: von Friedensmissionen bis zur humanitären Not- und Katastrophenhilfe.

- **Bündnis 90/Die Grünen (das)**

(kurz: Die Grünen) Die Grünen waren zu Beginn eine westdeutsche Partei. Sie entstand 1980 aus der Bewegung gegen Atomkraft und für den Schutz der Umwelt. Bündnis 90 kam aus der ostdeutschen Bewegung für Bürgerrechte. Bündnis

90 und Die Grünen gingen 1993 zusammen. Sie kamen in den Bundestag und in die Bundesregierung. Die Ziele: für das friedliche Miteinander der Kulturen, für die Rechte von Minderheiten, für die Rechte von Frauen, für den Schutz der Natur, gegen Gewalt in der Politik, für die Rechte von Flüchtlingen.

- **Bürger (der), – /
Bürgerin (die), -nen**

Der Bürger / Die Bürgerin ist Angehörige/r eines Staates (= Staatsbürger/Staatsbürgerin) und Bürger/Bürgerin einer Stadt oder Gemeinde.

- **Bürgerbegehren (das), –
und Bürgerentscheid (der), -e**

Die Bürgerbegehren sind Elemente direkter Demokratie in einer Gemeinde oder einem Landkreis. Bürger können so selbst über ihre Angelegenheiten entscheiden.
Mit dem Bürgerbegehren beantragen die Bürger die Durchführung eines Bürgerentscheids. Dazu brauchen sie eine bestimmte Zahl von Unterschriften. Beispiele für Bürgerentscheide in München: Für den Neubau eines Fußballstadions oder Raus aus der Steinkohle. Bürgerbegehren für ganz Deutschland sind nicht möglich.

- **Bürgerbeteiligung (die) oder
Partizipation (die)**

die Bürger (Pl.) + die Beteiligung

Es gibt folgende Möglichkeiten der politischen Beteiligung:
1. In der Kommune: die Kommunalwahlen (die Wahl des Bürgermeisters, die Wahl des kommunalen Parlaments), Bürgerbegehren und Bürgerentscheid; Ausländer bei der Wahl der Ausländerbeiräte;
2. In einem Bundesland: die Landtagswahl, Volksbegehren und Volksentscheid, das Petitionsrecht;
3. Im Bund: die Wahl zum Bundestag;
4. In der EU: die Wahl zum Europäischen Parlament, die Europäische Bürgerinitiative, die Petition (= Bitte/Beschwerde) an das Europäische Parlament oder die Kommission;
5. Der Bürger kann sich außerdem in Parteien, Verbänden, Vereinen, in Bürgerinitiativen, mit Demonstrationen und in den Medien (Leserbriefe) engagieren.

- **Bürgerinitiative (die), -n**

der Bürger + die Initiative

Eine Bürgerinitiativen besteht aus einer bestimmten Zahl von Bürgern, die sich gegen Entscheidungen der Gemeinde, des Bundeslandes oder des Bundes zusammentun. Es ist Selbsthilfe, um gehört zu werden – nicht zu verwechseln mit dem Bürgerbegehren. Jeder kann sich beteiligen. Die B. sind also basisdemokratisch, da sie eine Veränderung von der Basis her wollen. Es gibt z.B. Initiativen gegen den Bau einer Autobahn, gegen Nachtflüge, Windkraftanlagen, Braunkohlekraftwerke, für bezahlbares Wohnen, für eine Umgehungsstraße, für den Erhalt eines Waldes usw.
Die Europäische Bürgerinitiative (EBI) gilt für die Bürger auf europäischer Ebene.

- **Bürgermeister (der), – /
Bürgermeisterin (die), -nen**

Der B. ist die Nummer Eins der Verwaltung einer Stadt oder Gemeinde. Er/Sie wird direkt von den Bürgern oder vom Stadtrat/Gemeinderat gewählt.

- **Bürgermeisterwahl (die), -en**

Siehe „Wahl".

- **Bürgerrechte (die) (Pl.)**

der Bürger + die Rechte (Pl.)

In einem demokratischen Staat gibt es Bürgerrechte. Jeder Deutsche hat die gleichen Rechte und Pflichten. Siehe „Rechte und Pflichten".

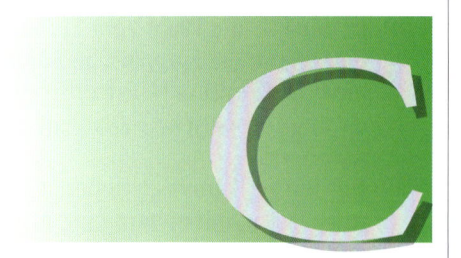

- **Caritas (die)**

caritas = lat. Mildtätigkeit, Nächstenliebe
Die C. ist ein Wohlfahrtsverband der römisch-katholischen Kirche. Er ist in Deutschland der Dachverband von über 900 sozialen Hilfsorganisationen.

- **CDU (die)**

(= Christlich-Demokratische Union Deutschlands) Die CDU ist eine konservative Volkspartei. Sie wurde 1945 gegründet. Sie bildet mit der bayerischen Schwesterpartei CSU im Deutschen Bundestag eine Fraktion. Ihre Ziele sind: der christliche Grundgedanke, Gerechtigkeit, Solidarität und Freiheit, eine starke Wirtschaft und Arbeitsplätze, keine Staatsschulden. Siehe auch „CSU".

- **Chancengleichheit (die)**

die Chancen (Pl.) + die Gleichheit

Ch. bedeutet, dass jeder die gleichen Ausbildungs- und Aufstiegsmöglichkeiten hat, unabhängig von Herkunft, Geschlecht, Religion und sozialen Verhältnissen. In diesen Zusammenhang gehören auch die Begriffe „Bildungsgerechtigkeit" und „Durchlässigkeit der Bildungssysteme".

- **Charta der Grundrechte der Europäischen Union (die)**

In 54 Artikeln definiert die Ch. die Rechte und Freiheiten der Menschen, die in der Europäischen Union leben. Diese Rechte müssen die Institutionen der Union und die Mitgliedsstaaten, wenn sie EU-Recht in nationales Recht umsetzen, garantieren. Die Ch. orientiert sich an der Europäischen Menschenrechtskonvention des Europarats und anderen internationalen Übereinkommen der EU.
Die Charta verbietet Folter, Todesstrafe, Sklaverei und Zwangsarbeit und garantiert die Achtung des Privat- und Familienlebens, den Schutz der persönlichen Daten, die freie Meinungsäußerung sowie Religions- und Gewissensfreiheit. Enthalten sind auch Rechte gegen die Gefahren moderner Technologien, gegen das Klonen von Menschen und das Recht auf Arbeit und ärztliche Versorgung.

- **Christentum (das)**

Adj.: christlich; Personen: der Christ, -en / die Christin- nen

Eine der großen Weltreligionen, entstanden vor etwa 2000 Jahren und wesentlich in Deutschland. Seine Konfessionen sind der Katholizismus (Adj. katholisch) und der Protestantismus (Adj. protestantisch), getragen von den jeweiligen Kirchen.

- **christlicher Feiertag, -e**

(!) der christliche Feiertag / ein christlicher Feiertag, die christlichen Feiertage

Zu den arbeitsfreien christlichen Feiertagen gehören:
- der Dreikönigstag (Tag der Heiligen Drei Könige am 6. Januar, Feiertag nur in katholischen Bundesländern),
- Karfreitag (Freitag vor Ostern),
- Ostern (2 Tage, Fest der Auferstehung Jesu),
- Christi Himmelfahrt (Fest der Aufnahme Jesu in den Himmel),
- Pfingsten (2 Tage, Fest der Aussendung des Heiligen Geistes),
- Fronleichnam (katholisches Fest von Brot und Wein als Leib und Blut Jesu),
- Reformationstag (nur in überwiegend evangelischen Bundesländern),
- Weihnachten (2 Tage, Fest der Geburt Jesu am 25. Dezember).

- **CSU (die)**
(= Christlich-Soziale Union in Bayern) Die CSU ist eine Partei nur in Bayern. In Bayern gibt es keine CDU. Im Bundestag bildet sie eine Fraktion mit der CDU = CDU/CSU. Ziele: ein starkes Bayern in Europa, die Familie im Zentrum, soziale Sicherheit, begrenzte Zuwanderung. Siehe „CDU".

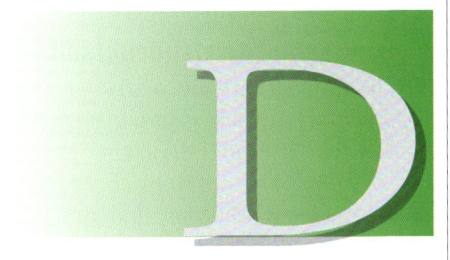

- **DDR (die)**
(= Deutsche Demokratische Republik 1949-1990) In der sowjetischen Besatzungszone wird am 7. Oktober 1949 die DDR gegründet. Die Flagge war schwarz-rot-gold mit Hammer, Zirkel und Ährenkranz. Die DDR wird 1955 Mitglied des Warschauer Pakts.
Die friedliche Revolution in der DDR in den Jahren 1989 und 1990 bereitete die deutsche Wiedervereinigung vor. Sie führte zum Beitritt der DDR zur Bundesrepublik Deutschland am 3. Oktober 1990. Damit endeten 40 Jahre deutsche Teilung. Der 3. Oktober ist seitdem Nationalfeiertag (= Tag der Deutschen Einheit).
Siehe auch „Bundesrepublik Deutschland".
In der alten Bundesrepublik gab es verschiedene Bezeichnungen für die DDR: SBZ (Sowjetische Besatzungszone), die Zone, Mitteldeutschland, Ostzone, die sogenannte DDR.

- **decken**
er/sie deckt, deckte, hat gedeckt
Beispiel: Die Versicherung hat gezahlt. Sie deckt alle Kosten.

- **Demokratie (die), -n**
Adj.: demokratisch; Personen: der Demokrat, -en / die Demokratin, -nen

Das Bundesverfassungsgericht definierte die Demokratie als die freiheitlich-demokratische Grundordnung.
In Deutschland gibt es die repräsentative Demokratie, das heißt, das Volk wählt seine Vertreter in das Parlament. Es gibt mehrere Parteien. Die stärkste Partei oder die stärkste Koalition stellt dann die Regierung. Bei Wahlen gibt es Gewinner und Verlierer. Wenn die Mehrheit entschieden hat, müssen alle das Ergebnis akzeptieren. Neben der repräsentativen D. gibt es die direkte Demokratie, das sind die Volksentscheide. Die wahlberechtigten Bürgerinnen und Bürger entscheiden dann direkt über ein Gesetz.
Die deutsche D. tritt für bestimmte Werte ein, an erster Stelle für die Würde des Menschen, die sie verteidigt (siehe „Grundgesetz"). In der D. gibt es Rechte und Pflichten (siehe „Rechte und Pflichten"). Der Staat ist ein Rechtsstaat und ein Sozialstaat.

Das Wort „Demokratie" wurde und wird oft von Diktaturen missbraucht, die sich demokratisch nennen. Das Gegenteil eines demokratischen Staats ist der Polizeistaat oder die Diktatur.
Die Herausforderungen durch Rechtspopulismus und Nationalismus sind zurzeit groß. Dennoch hat sich gezeigt, dass über die Hälfte der jungen Generation von der D. als bester Staatsform überzeugt ist.

- **Demonstration (die), -en**
Verb: demonstrieren, er/sie demonstriert, demonstrierte, hat demonstriert; Personen: der Demonstrant, -en /die Demonstrantin, -nen

Demonstrationen sind ein Grundrecht (Grundgesetz Artikel 8: Versammlungsfreiheit). Demonstrationen müssen in Deutschland angemeldet, aber nicht genehmigt werden. Verboten sind Demonstrationen, die die öffentliche Sicherheit und Ordnung gefährden.
Bekannte Demonstrationen in der Geschichte Deutschlands waren:

- 1953 der Arbeiteraufstand in der DDR, der von sowjetischen Panzern niedergeschlagen wurde;
- 1968 die Demonstrationen der Studenten („Studentenunruhen"), die eine andere Republik wollten.

> Man verbindet mit 1968 den emanzipatorischen Gedanken, neues Geschlechter- und Rollenverständnis, gegen die Sexualmoral der 1950er-Jahre, Widerstand gegen die Vätergeneration, gegen die fehlende Aufarbeitung der nationalsozialistischen Vergangenheit, gegen autoritäre Strukturen in der Familie und an den Universitäten und für soziale Chancengleichheit im Bildungswesen. Die Studentenbewegung wurde zuletzt in Teilen radikal (Rote Armee Fraktion = RAF), hat aber auch zu verschiedenen gesellschaftlichen Veränderungen geführt.
> - 1979–1986 die Anti-Atomkraft-Demonstrationen, die zum Baustopp der Wiederaufarbeitungsanlage Wackersdorf führten und später zum Ausstieg aus der Atomenergie.
> - 1989 die Montagsdemonstrationen in Städten der DDR, die zum Fall der Mauer führten. Sie waren gewaltfrei.

• Deutsche Mark (die)

(kurz: DM) Die DM wurde mit der Währungsreform 1948 eingeführt. Sie war bis 2001 die offizielle Währung in der Bundesrepublik Deutschland.

> Mit der Währungs-, Wirtschafts- und Sozialunion am 1. Juli 1990 löste die DM die Mark der DDR ab. Mit Einführung der Europäischen Wirtschafts- und Währungsunion wurde die Deutsche Mark am 1. Januar 1999 als Buchgeld und am 1. Januar 2002 als Bargeld durch den Euro ersetzt.

• Deutsche Sprache (die)

Deutsch ist Landessprache in Deutschland, Österreich, in der Schweiz, in Liechtenstein und in Südtirol (Italien).

> Das Wort „deutsch" kommt von althochdeutsch diutisc = das Adjektiv zu diot(a) (das Volk). In der Form theodiscus wird das Wort ins Lateinische übertragen. Theodisca lingua hieß dann die Sprache der germanischen Stämme im Reich Karls des Großen. In einem Dokument des 8. Jahrhunderts wird theodiscus im Gegensatz zur lateinischen Sprache gebraucht und meint die Sprache des Volkes.

• Deutsche Staatsbürgerschaft (die)

Ein Kind erhält die deutsche Staatsbürgerschaft durch Geburt, wenn mindestens ein Elternteil deutscher Staatsbürger ist. Für Kinder ausländischer Eltern, die in Deutschland geboren sind, gibt es besondere Regelungen: Wenn ein Elternteil mindestens seit 8 Jahren in Deutschland rechtmäßig wohnt und eine unbefristete Aufenthaltsgenehmigung hat, bekommt das Kind automatisch die deutsche St. Es kann die doppelte Staatsangehörigkeit behalten, wenn es in Deutschland geboren und aufgewachsen ist.

Wer sich mindestens acht Jahre rechtmäßig in der Bundesrepublik aufgehalten hat, kann die deutsche Staatsbürgerschaft erwerben. Er muss aber in der Regel die bisherige Staatsangehörigkeit aufgeben (Ausnahme: z.B. EU-Bürger, siehe auch „Doppelte Staatsangehörigkeit").

• Deutsches Reich

Das Deutsche Reich von 1871 bis 1918 (Ende des 1. Weltkriegs) war eine konstitutionelle Monarchie mit dem Deutschen Kaiser (= König von Preußen) und dem Reichskanzler (Otto von Bismarck 1871-1890) an der Spitze.

> In dieser Zeit wandelte sich das Land vom Agrar- zum Industrieland. Die Arbeiterbewegung und die Sozialdemokratie entstanden. Bürgertum und Arbeiterschaft waren krasse Gegensätze. Das sogenannte Sozialistengesetz verbot 1878 alle sozialdemokratischen Organisationen, was diese Bewegungen aber eher stärkte. Gleichzeitig

entstanden Sozialversicherungssysteme wie die Krankenversicherung.
Das Kaiserreich spielte keine glückliche Rolle, als es gegenüber den Kolonialmächten nicht zurückstehen wollte und Kolonien vor allem in Afrika gründete.

- **Deutschland**

(volle Bezeichnung: Bundesrepublik Deutschland) Staatsform: Demokratisch-parlamentarischer Bundesstaat; Staatsoberhaupt: Bundespräsident; Regierungschef: Bundeskanzler/in; Gliederung: 16 Bundesländer; Hauptstadt: Berlin; Einwohner: 82,6 Millionen; Fläche: 357.580 km²; Währung: Euro; Gründung: 23. Mai 1949 (Bundesrepublik Deutschland); Nationalflagge: schwarz – rot – gold; Nationalhymne: Das Lied der Deutschen (3. Strophe); Nationalfeiertag: 3. Oktober (Tag der Deutschen Einheit); Kfz-Kennzeichen: D; Telefonvorwahl: +49. Siehe „Bundesrepublik Deutschland".

- **Diakonie (die)**

Die D. ist der Wohlfahrtsverband der evangelischen Kirchen. Das Wort „Diakonie" kommt von altgriechisch „diakonia" = Dienst am Nächsten.

- **Dialekt (der), -e**

oder Mundart ist eine lokale oder regionale Sprache. Die Dialekte stehen im Gegensatz zum Hochdeutschen, dem Standard- oder Schriftdeutschen. Dialekte sind Bairisch, Hessisch, Plattdeutsch, Rheinisch, Sächsisch, Schwäbisch, Westfälisch usw.

> Dialekte werden gepflegt, auch in Form von Liedern und Gedichten, um die Tradition zu schützen. Als besonders beliebt, aber schwer zu verstehen, gilt das Bairische.

- **Die Linke**

DIE LINKE ist eine politische Partei, die erst 2007 gegründet wurde. Sie entstand aus der WASG (= Wahlalternative Arbeit und soziale Gerechtigkeit) und der Linkspartei PDS. Ihre Ziele: soziale Gerechtigkeit, Verteilung von Reichtum nach unten, kein Export von Waffen, keine Bundeswehr im Ausland.

> Die Partei der Linken hat eine wechselvolle Geschichte: Die SED (= Sozialistische Einheitspartei Deutschlands" der DDR nannte sich ab 1990 „PDS" (= Partei des Demokratischen Sozialismus") und vor der Bundestagswahl im Jahr 2005 schließlich „Linkspartei PDS". Gleichzeit entstand der Verein WASG (= Wahlalternative Arbeit und soziale Gerechtigkeit"), der von enttäuschten Sozialdemokraten und Gewerkschaftern gegründet wurde. Der Verein wurde in eine Partei umgewandelt und schloss sich 2007 mit der „Linkspartei PDS" zur Partei „DIE LINKE" zusammen.

- **Dienstleistung (die)**

der Dienst + die Leistung

Man unterscheidet Dienstleistung und Warenproduktion. Die D. ist an die Arbeitsleistung einer Person gebunden. Dienstleistungsberufe sind zum Beispiel: Altenpfleger, Bürokaufmann, Erzieher, Friseur, Verkäufer.

- **Digitalisierung (die)**
Adj.: digital

D. ist die zunehmende Nutzung digitaler Geräte in allen Lebensbereichen. Schon heute sind Milliarden Geräte über das Internet vernetzt. Für die Zukunft heißt das Stichwort Industrie 4.0. Intelligente Produktionsverfahren sollen zu höherer Produktivität und Effizienz führen, individuelle Wünsche der Kunden berücksichtigen und neue Produkte und Geschäftsmodelle entwickeln.
Befürchtet wird, dass die D., z.B. der Einsatz von Robotern, Millionen Arbeitsplätze gefährdet. In diesem Zusammenhang wird die Einführung eines bedingungslosen Grundeinkommens kontrovers diskutiert.

- **Diktatur (die), -en**
Gegenteil: die Demokratie. In der D. hat nicht die Mehrheit des Volkes die Macht, sondern einige wenige, zum Beispiel eine Partei oder eine einzelne Person, der Diktator. Es gibt keine Gewaltenteilung.

- **Diskriminierung (die)**
Verb: diskriminieren, er/sie diskriminiert, diskriminierte, hat diskriminiert; er/sie wird/wurde diskriminiert, ist diskriminiert worden
Siehe „Antidiskriminierungsgesetz".

- **doppelte Staatsangehörigkeit (die)**
auch: doppelte Staatsbürgerschaft; zwei Nationalitäten, zwei Pässe. Über die D.S. wird immer wieder gestritten: Befürworter betonen die positive Wirkung für eine Integration, Gegner bezweifeln die Loyalität zur Bundesrepublik.
- Kinder mit einem deutschen und einem ausländischen Elternteil erhalten bei Geburt beide Staatsangehörigkeiten.
- Kinder mit zwei ausländischen Elternteilen können mit der Geburt auch die deutsche Staatsangehörigkeit bekommen (siehe „Staatsangehörigkeit"). Seit 2014 müssen sie sich bei Volljährigkeit nicht mehr für eine Staatsangehörigkeit entscheiden, sondern können beide behalten. Voraussetzung ist, dass sie in Deutschland geboren und aufgewachsen sind.

- **dreistufig (Adj.)**
= hat drei Stufen. Der Aufbau der Verwaltung ist dreistufig: die Bundesebene, die Landesebene (Bundesländer und Stadtstaaten) und die kommunale Ebene (Gemeinden, Landkreise und kreisfreie Städte, d.h. Städte mit eigenen Rechten).

- **DRK (das)**
(= das Deutsche Rote Kreuz) Das DRK ist einer der großen Wohlfahrtsverbände, das Menschen in Not in Deutschland und auf der ganzen Welt hilft. Das DRK hat ca. 4 Millionen Mitglieder. Es hat völkerrechtliche Aufgaben und ist deshalb eine Mischung aus einer privaten und einer staatlichen Organisation. Seine Aufgaben sind: Katastrophenschutz, Wohlfahrts- und Sozialarbeit, Krankenpflege, DRK-Suchdienst, internationale Hilfe.

- **duale Ausbildung (die)**
Die duale Ausbildung ist ein System der Berufsausbildung, das auch international anerkannt ist. Die Auszubildenden machen eine praktische Lehre in Betrieben der Industrie, des Handels oder Handwerks und besuchen gleichzeitig für zwei bis drei Jahre eine staatliche Berufsschule. Ca. mit dem 18. Lebensjahr endet die Berufsschulpflicht. Eine wichtige Voraussetzung für die Lehre ist ein erfolgreicher Schulabschluss.

- **Dublin-Verordnung (die)**
Die D. regelt, welcher EU-Staat für die Prüfung eines Asylantrags zuständig ist. Zuständig soll der erste EU-Staat sein, den der Flüchtende betritt. Damit sollte ver-

hindert werden, dass Flüchtende mehrere Asylanträge stellen. Diese Verordnung ist umstritten.

- **Duldung (die)**
  Personen: der/die Geduldete, -n;
  Adj.: geduldet

  Die Duldung betrifft abgelehnte Asylbewerber, die vorübergehend in Deutschland bleiben dürfen. Sie haben keine Ausweisdokumente oder leiden an einer Krankheit, die im Heimatland nicht behandelt werden kann. Sie dürfen unter bestimmten Bedingungen arbeiten, brauchen aber die Zustimmung der Arbeitsagentur. Rein rechtlich können sie jederzeit abgeschoben werden.

- **Duzen und Siezen (das)**
  „Du" sagt man sofort nur zu Verwandten und guten Freunden. Auch unter Studenten ist das Du die übliche Anrede. Junge Kollegen sagen schnell „du", ältere oft nur, wenn sie sich auch privat sehen. Wenn man sich schließlich gut kennt, kann man das Du anbieten.

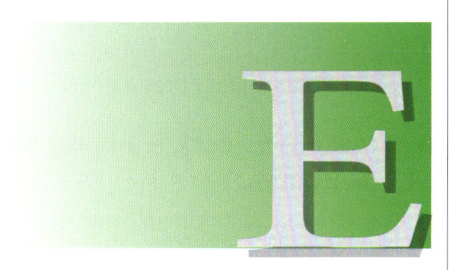

- **EFTA (die)**
  (= European Free Trade Association, Europäische Freihandelsassoziation) Die EFTA hat nur wirtschaftspolitische Ziele. Sie wurde 1960 von 7 Staaten gegründet, zuerst erweitert, dann traten mehrere Staaten aus und der EG bei.
  Heute besteht die EFTA noch aus vier Staaten: Island, Norwegen, die Schweiz und Liechtenstein.

- **Ehe (die), -n**
  eine E. eingehen = heiraten; die Hochzeit feiern. Personen: der Ehemann, die Ehefrau, das Ehepaar. Personenstand: verheiratet.
  Das Grundgesetz garantiert den Schutz von Ehe und Familie (Grundgesetz Artikel 6).
  Seit 2001 gibt es für Partner gleichen Geschlechts die Möglichkeit, eine eingetragene Partnerschaft einzugehen. Seit 2017 können sie die Ehe schließen, „Ehe für alle" genannt, mit den gleichen Rechten wie heterosexuelle Paare.

- **ehemalig (Adj.)**
  auch: ex, Alt-, z.B. der ehemalige Bundeskanzler, auch der Ex-Bundeskanzler, der Altbundeskanzler.

- **Ehrenamt (das), -ämter**
  die Ehre + das Amt; Adj.: ehrenamtlich

  Das E. ist die freiwillige und unbezahlte Arbeit in Vereinen und Verbänden. Jeder Dritte in Deutschland arbeitet ehrenamtlich, z.B. in Hilfsorganisationen, im Natur- und Umweltschutz, in Jugendorganisationen, in der Altenpflege, in Sport- und Kulturvereinen usw.

- **Eigentum (das)**
  1. Sachen, die einer Person gehören. Beispiel: Das Auto gehört mir. Es ist mein E. Das ist im Eigentumsrecht geregelt.
  2. Geistiges E. gehört dem sogenannten Urheber. Beispiel: Ein Buch ist geistiges E. des Autors. Sein Recht ist im Urheberrecht geregelt.

  Siehe auch „Privateigentum".

- **Einbürgerung (die)**
  Verb: einbürgern, er/sie wird eingebürgert, wurde eingebürgert, ist eingebürgert worden

  = die deutsche Staatsbürgerschaft bekommen.

- **Einbürgerungstest (der)**
  die Einbürgerung + der Test

Ausländer, die die deutsche Staatsbürgerschaft beantragen, müssen den E. machen. Nur Ausländer mit einem deutschen Schulabschluss oder einem besonderen Studium müssen den E. nicht machen.

- **einhalten**
  er/sie hält ein, hielt ein, hat eingehalten
  Beispiel: Gesetze müssen eingehalten werden.

- **Einkommen (das)**

Geld, das man bekommt. Beispiel: Wer ein höheres E. hat, muss mehr Steuern bezahlen.

- **Einkommensteuer (die)**
  das Einkommen + die Steuer

Wer ein bestimmtes Einkommen hat, muss Steuern zahlen. Es gilt Steuerpflicht.

Steuer, die auf das gesamte Einkommen erhoben wird, auf Löhne sowie auf Einkünfte aus selbstständiger Arbeit plus eventuelle Mieteinkünfte usw. Diese Steuer muss von dem Steuerpflichtigen bzw. seinem Steuerberater errechnet und ans Finanzamt gezahlt werden.

- **Einparteienstaat (der)**
  ein- + die Partei + der Staat

Politisches System, in dem eine einzige Partei die Regierungsgewalt hat. Es gibt keine Opposition. Es herrscht eine bestimmte Ideologie.

- **sich einsetzen für + A (etwas/eine Person)**
  er/sie setzt sich ein, setzte sich ein, hat sich eingesetzt

= sich persönlich bemühen. Beispiel: Max möchte sich für mehr Fahrradwege in der Stadt einsetzen.

- **Einspruch (der)**

E. einlegen
Man legt E. ein, wenn man z.B. mit der Entscheidung einer Behörde nicht einverstanden ist.

- **Einstellung (die), -en**
  Positive oder negative Meinung, die jemand zu etwas hat.

- **einstimmig (Adj.)**
  Alle sind einverstanden. Es gibt keine Gegenstimme. Beispiel: Das Gesetz wurde einstimmig angenommen.

- **Einwanderung (die)**

Siehe „Zuwanderung".

- **Einwanderungsland (das)**
  die Einwanderung + das Land

  Der Begriff meint einen Staat, der durch Einwanderung wächst und in dem Einwanderer einen Teil der Bevölkerung ausmachen.
  E. ist ein politisches Schlagwort, um das heftig gestritten wird. Heute ist unbestritten, dass Deutschland ein E. ist. Wanderungsbewegungen haben schon immer Deutschland und Europa geprägt.

- **Einwohner (der), - / Einwohnerin (die), -nen**

= Jemand, der fest an einem Ort wohnt. Beispiel: Berlin hat über 3,5 Millionen E.

- **Einwohnermeldeamt (das), -ämter**
  der Einwohner + melden + das Amt

Wer neu ist in Deutschland oder innerhalb Deutschlands umzieht, muss sich am Wohnort beim E. anmelden.

- **Eiserner Vorhang (der)**

Der Eiserne Vorhang trennte die Länder des Warschauer Pakts von den Ländern des Westens.

- **Elterngeld (das)**
  die Eltern (Pl.) + das Geld

Seit 2007 gibt es das E. Um es zu bekommen, muss man einen Antrag bei der Elterngeldstelle stellen. Siehe „Elternzeit".

- **Elternzeit (die)**
  die Eltern (Pl.) + die Zeit

Nach dem Mutterschutz (14 Monate) können Eltern Elternzeit nehmen. Mütter bekommen 12 Monate Elternzeit, zusammen mit dem Partner bekommen Eltern insgesamt 14 Monate. In dieser Zeit gibt es Elterngeld, das abhängig ist von der Höhe des Nettogehalts. Elterngeld kann auch bekommen, wer keine Arbeitsstelle hat.

- **Energiewende (die)**
  die Energie + die Wende

  = Der Ausstieg aus der Atomenergie im Jahr 2011 (nach der Nuklearkatastrophe von Fukushima) und die Förderung alternativer Energien.

- **sich engagieren für + A / bei + D**
  er/sie engagiert sich, engagierte sich, hat sich engagiert

= sich persönlich bemühen. Beispiel: Viele Ehrenamtliche engagieren sich bei den Tafeln, die Bedürftige versorgen. - Frank Weber engagiert sich für den Jugendsport.

- **Entlassung (die), -en**
  Verb: entlassen, er/sie entlässt, entließ, hat entlassen; entlassen werden; er/sie wird/wurde entlassen, ist entlassen worden

Die E. ist das Ende eines Arbeitsverhältnisses bzw. die Kündigung durch den Arbeitgeber. Der Arbeitnehmer wird entlassen.

- **Entspannungspolitik (die)**
  die Entspannung + die Politik

Die E. war die Politik Willy Brandts (siehe „Brandt"). Die Ostverträge mit der DDR, der Sowjetunion, Polen und der Tschechoslowakei wurden zwischen 1970 und 1973 abgeschlossen. In den Verträgen verzichteten alle auf Gewalt und erkannten die Grenzen an. Dadurch kam es zu besseren Beziehungen zwischen der Bundesrepublik und der DDR.

E. ist das Beenden von Konflikten zwischen Staaten durch diplomatische Bemühungen. Ein Beispiel für E. war die neue Ostpolitik der Bundesregierung mit der sozialliberalen Koalition unter Bundeskanzler Willy Brandt und Außenminister Walter Scheel. Sie entschärfte den Ost-West-Konflikt. Der Grundlagenvertrag akzeptierte die Grenzen, der Transitvertrag erleichterte das Reisen zwischen den Teilstaaten. Keiner der Staaten durfte mehr den Anspruch haben, den anderen international zu vertreten (davor Alleinvertretungsanspruch der Bundesrepublik). Bundesrepublik und DDR wurden 1973 in die Vereinten Nationen aufgenommen.

- **erbringen**
  er/sie erbringt, erbrachte, hat erbracht

  Beispiel: Sie hat auf sozialem Gebiet besondere Leistungen erbracht.

- **erfüllen**
  er/sie erfüllt, erfüllte, hat erfüllt

Beispiel: Die Bedingungen waren erfüllt und der Vertrag konnte unterschrieben werden.

- **eröffnen**
  er/sie eröffnet, eröffnete, hat eröffnet; Nomen: die Eröffnung

Beispiel: Die Sitzung ist eröffnet.

- **Erststimme (die), -en**

Je mehr Erststimmen eine Partei erhält, desto mehr Direktkandidaten kommen ins Parlament. Siehe „Wahl".

- **Erwerbsminderungsrente (die)**
  der Erwerb + die Minderung + die Rente

Wer krank ist oder durch einen Unfall nicht mehr arbeiten kann, kann eine E. bekommen. Sie ist niedriger als das ehemalige Gehalt. Dazu gibt es unterschiedliche Bedingungen.

- **erziehen**
  er/sie erzieht, erzog, hat erzogen

Beispiele: Miriam ist weltoffen erzogen worden. - Die Kinder von Müllers sind schlecht erzogen.

- **Essen und Trinken (das)**

Essen und Trinken in Deutschland zeigt die einzigartige Vielfalt der Regionen. Spezialitäten wie Kalbshaxe in Bayern und Eisbein in Berlin usw. kommen in fast allen Deutschbüchern vor. Mit dem Trinken ist es etwas komplizierter. Früher war die Gewohnheit, Bier oder Wein zu trinken, deutlicher verteilt. In Europa waren die südlichen Länder Weinländer und im Norden war das Bier das bevorzugte Getränk. Heute macht man das Getränk eher von der Art des Essens abhängig.

- **EU (die)**

Siehe „Europäische Union".

- **EU Grundrechtecharta (die)**
  die Grundrechte + die Charta
  Siehe „Charta der Grundrechte".

- **Euro (der)**

Währung der Europäischen Wirtschafts- und Währungsunion, die in den meisten Staaten der EU gilt (= Eurozone). Symbol: €. In Deutschland bezahlt man mit dem E. seit dem 1. Januar 2002.
  Nach dem US-Dollar ist der Euro die wichtigste Reservewährung der Welt.

- **Europa**

  Die Länderliste Europas führt 47 Staaten auf. Davon sind 28 Länder Mitglied der EU (27 Länder ab 2019 ohne Großbritannien). E. ist ein vielfältiger, stark gegliederter Kontinent. Die Länder unterscheiden sich durch Geschichte, Religion, Sprachen, Wirtschaft und Kultur.

- **Europäische Integration (die)**

E.I. meint den Zusammenschluss europäischer Staaten zur EU.

- **Europäische Schule (die), –n**

  Die Europäischen Schulen sind ein gemeinsamer Schultyp der EU-Länder (Schola Europaea). Es gibt insgesamt 13 Schulen in sechs EU-Ländern. Die Schulen wurden dort gegründet, wo große europäische Institutionen vorhanden sind. Sie sind gedacht für Kinder von Eltern, die in europäischen Institutionen arbeiten. Aber auch Kinder von Nicht-EU-Mitarbeitern werden aufgenommen.
  Die Schulen mit Kindern unterschiedlicher Nationalitäten und Muttersprachen erwiesen sich als Erfolg. Die Schule wird mit der Europäischen Abiturprüfung abgeschlossen. Nationale Schulen können auch als „Europäische Schule" anerkannt werden, wenn sie ein europäisches Unterrichtsmodell anbieten, bleiben aber Teil des nationalen Bildungssystems.
  In Deutschland gibt es Europaschulen, die bestimmte Standards der interkulturellen Zusammenarbeit erfüllen.

- **Europäische Union (die)**

(kurz: EU) Die EU ist ein Staatenbund von 28 Mitgliedern (27 ohne Großbritannien, das 2019 austritt) mit 508 Millionen Einwohnern: Belgien, Bulgarien, Dänemark, Deutschland, Estland, Finnland, Frankreich, Griechenland, Irland, Italien, Kroatien, Lettland, Litauen, Luxemburg, Malta, Niederlande, Österreich, Polen, Portugal, Rumänien, Schweden, Slowakei, Slowenien, Spanien, Tschechien, Ungarn, Großbritannien, Zypern (liegt geografisch in Asien).

Die Staaten sind verbunden durch Grundrechte und Werte wie Freiheit, Demokratie, Rechtsstaatlichkeit und die Menschenrechte. Die Flagge der EU ist blau mit 12 goldenen Sternen, die im Kreis angeordnet sind. Die Sterne stehen für die Werte Einheit, Solidarität und Harmonie zwischen den Völkern Europas. Die Union hat viele Jahre des Friedens gebracht.

Derzeitige Kandidaten sind: Albanien, Mazedonien, Montenegro, Serbien, die Türkei. Die Westbalkan-Politik der EU-Kommission sieht besonders für Serbien und Montenegro einen möglichen Beitritt vor. Die Staaten müssen aber Schritt für Schritt Recht, Verwaltung, Politik und Wirtschaft auf die Vereinbarkeit mit der EU überprüfen.

- **Geschichte der EU:**
- 1957 Römische Verträge: Gründung der Europäischen Wirtschaftsgemeinschaft (EWG). 6 Gründungsmitglieder: Belgien, die Bundesrepublik Deutschland, Frankreich, Italien, Luxemburg und die Niederlande. Man einigt sich auf eine gemeinsame Wirtschaftspolitik und eine gemeinsame Agrarpolitik.
- Großbritannien, Irland und Dänemark treten 1973 bei, 1981 Griechenland und 1986 Portugal und Spanien. Attraktiv waren die Regelungen zur Stabilisierung der Währungen.
- 1992 Maastrichter Vertrag: Er legt die Grundlage für die Wirtschafts- und Währungsunion. Die Europäische Gemeinschaft heißt jetzt offiziell Europäische Union (EU).
- 1993 Beginn des europäischen Binnenmarkts. Er umfasst die Mitgliedstaaten der EU sowie die Staaten Island, Norwegen, Liechtenstein und die Schweiz
- 1999: Elf Länder sind „Euro-Land": Belgien, Deutschland, Finnland, Frankreich, Niederlande, Irland, Italien, Luxemburg, Österreich, Portugal und Spanien. Griechenland (ab 2001), Slowenien (ab 2007), Zypern und Malta (ab 2008), Estland (ab 2011), Lettland (ab 2014) und Litauen (ab 2015).
- 2003: Acht ost- und mitteleuropäische Länder unterzeichnen die EU-Beitrittsverträge, die 2004 in Kraft treten: Polen, die Tschechische Republik, Ungarn, Slowenien, die Slowakei, Litauen, Estland, Lettland. Außerdem Malta und Zypern.
- 2007 Bulgarien und Rumänien treten der EU bei.
- 2013: Kroatien ist 28. Mitglied.
- 2016 Ein Referendum in Großbritannien beschließt den Austritt aus der EU (= der Brexit). Zeitpunkt: März 2019. Das Land möchte aber weiterhin mit der EU partnerschaftlich verbunden sein.

Die EU ist in den letzten Jahren in eine Krise geraten. Es gibt ein Gefälle zwischen dem

Norden und dem Süden. Und am Flüchtlingsproblem zeigten sich die Gegensätze zwischen West und Ost. Die mittel- und osteuropäischen Staaten lehnen es strikt ab, Flüchtlinge aufzunehmen. Der Nationalismus spaltet Europa.

Initiativen wie „Pulse of Europe" kämpfen für die Werte Europas und seine Vielfalt. Denn die Geschichte Europas ist die Geschichte vieler Kulturen. Es gilt: Jeder für sich, die Gemeinschaft für alle.

- **Europäisches Parlament**
  europäisch (Adj.) + das Parlament
  (!) das Europäische Parlament

(kurz: EP, auch: Europaparlament) Das EP wird regelmäßig alle fünf Jahre von den Bürgern und Bürgerinnen der EU gewählt. Der Sitz ist in Straßburg. Es arbeitet in Straßburg (Frankreich), Luxemburg und Brüssel (Belgien). Das EP wurde 1952 gegründet (erste direkte Wahl 1979) und ist die Volksvertretung der EU. Die Zahl der Abgeordneten richtet sich nach der Einwohnerzahl des Mitgliedslandes.

Es gibt keine europäische Partei. Die Parteien der Länder schicken nach der Europawahl ihre Abgeordneten ins Parlament. Diese schließen sich zu 7 nationalitätsübergreifenden Fraktionen zusammen. Parlament und Kommission sind zusammen der Gesetzgeber der EU.

Das E. bestimmt in vielen Alltagsfragen mit: welche Lebensmittel „gesund" sind, wo Energie gespart werden muss; es wacht über die Reinheit der Gewässer und der Luft, den Datenschutz usw. Das E. hat folgende Rechte:
- Es bestimmt beim Haushalt mit.
- Es hat das Recht, Gesetze vorzuschlagen.
- Es kann widersprechen in Angelegenheiten der Wirtschafts- und Währungsunion.
- Der Präsident der Kommission wird mit Zustimmung des E.P.s nominiert.
- Es muss bei der Aufnahme neuer Mitglieder zustimmen.

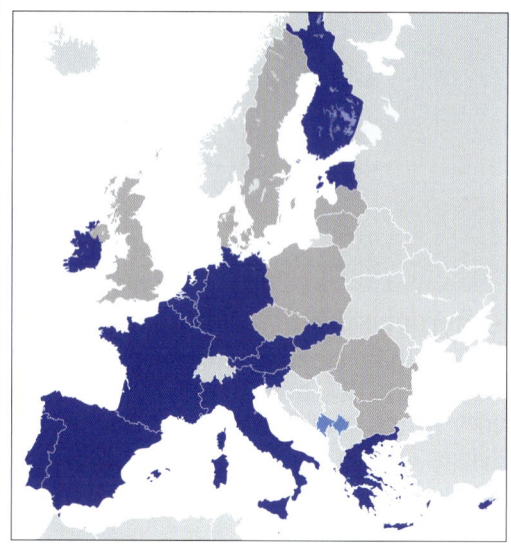

- **Eurozone (die)**
  der Euro + die Zone

Die E., der Euroraum oder Euroland sind eine Gruppe von EU-Staaten mit dem Euro als offizieller Währung. Der Euro gilt in 19 Ländern: Belgien, Deutschland, Estland, Finnland, Frankreich, Griechenland, Irland, Italien, Lettland, Litauen, Luxemburg, Malta, Niederlande, Österreich, Portugal, Slowakei, Slowenien, Spanien, Zypern.

- **EWR (der)**

(= der Europäische Wirtschaftsraum) Dazu gehören die Länder der EU und der EFTA (mit Ausnahme der Schweiz). Der EWR ist eine Freihandelszone, in der die Freiheiten des Waren-, Personen-, Dienstleistungs- und Kapitalverkehrs gelten. In diesem Raum wird ungefähr die Hälfte des Welthandels abgewickelt.

- **Exekutive (die)**

= die ausführende Gewalt (die Bundesregierung, die Landesregierungen, die öffentliche Verwaltung). Beispiel: Die Bundesregierung und die öffentliche Verwaltung des Bundes, der Länder und der Kommunen führen die Gesetze aus. Siehe „Gewaltenteilung".

- **Exilliteratur (die)**
  das Exil + die Literatur
  Während der Hitler-Diktatur ist ein großer Teil der bedeutendsten Autoren verboten, verfolgt und vertrieben worden: in die USA, nach Palästina, Mexiko und die UdSSR. Sie kehrten teilweise zurück, meist in die Sowjetische Besatzungszone.

- **Export (der), -e**
  Verb: exportieren, er/sie exportiert, exportierte, hat exportiert.
  = alle verkauften Waren, die ein Land verlassen. Gegensatz: der Import, importieren, er/sie importiert, importierte, hat importiert

- **EZB (die)**
  (= Europäische Zentralbank) Sie ist seit der Einführung des Euro am 1. Januar 1999 für die Geldpolitik in der Eurozone verantwortlich und kontrolliert die Banken im Euroraum (= Bankenunion). Sie ist politisch unabhängig. Ihr Sitz ist Frankfurt am Main.

- **Fachhochschule (die), -n (= FH)**
  das Fach + die Hochschule
  Fachhochschulen gibt es erst seit 1969. Sie sind näher an der Praxis als Universitäten und arbeiten mit Unternehmen zusammen.

- **Familie (die), -n**
  Nomen: der Familien/Personenstand; der Familienname
  Ehe und Familie stehen unter dem besonderen Schutz des Staates (Grundgesetz Artikel 6). Die Familie ist eine Lebensgemeinschaft durch Partnerschaft, Heirat, Lebenspartnerschaft oder Adoption, meist aus Eltern bzw. Kindern. Die Erziehung der Kinder ist vor allem Aufgabe der Eltern. Eine Familie kann auch Verwandte oder Lebensgefährten aufnehmen. Verheiratet kann man zur gleichen Zeit nur mit einem Partner/einer Partnerin sein.
  Es werden zu wenige Kinder geboren, obwohl die Zahl der Neugeborenen in der letzten Zeit gestiegen ist. Grund für mehr Geburten ist die Einführung der Elternzeit und der Ganztagsschule. Es geht für die Mütter darum, Familie und Beruf unter einen Hut zu bringen.
  Die F. ist ein Spiegel der Gesellschaft. In Deutschland ist die Zahl der Alleinlebenden ständig gestiegen, besonders in den Großstädten. Viele junge Paare leben zusammen, ohne zu heiraten. Von 100 Ehen werden 40 wieder geschieden. Es entstehen Patchworkfamilien mit Kindern aus früheren Ehen, wobei die Eltern verheiratet sind oder nicht.

- **Familienkasse (die)**
  die Familie + die Kasse

  Die F. der Bundesagentur für Arbeit berät zu Kindergeld und zu finanziellen Hilfen für Familien.

- **Familienrecht (das)**
  die Familie + das Recht

  Die Familie steht nach dem Grundgesetz unter dem besonderen Schutz des Staates. Siehe „Familie" und „Recht".

- **FDP (die)**

  (= Freie Demokratische Partei) Eine liberale Partei in Deutschland. Sie nennt sich auch kurz: die Freien Demokraten. Ihre Ziele: Bildung für alle, Digitalisierung als Chance; weniger Staat und mehr Freiheit für die Bürger.

- **Feiertag (der), -e**
  die Feier + der Tag. Verb: feiern, er/sie feiert, feierte, hat gefeiert; Nomen: die Feier, -n; der Feierabend, -e; Adj.: feierlich.

  1. kirchliche Feiertage (siehe „christlicher Feiertag"),
  2. gesetzliche Feiertage: der 1. Januar (Neujahr), der 1. Mai als „Tag der Arbeit". - Am 3. Oktober feiert man den „Tag der Deutschen Einheit".

- **Fest (das), -e**
  Adj.: festlich

  1. ein gesellschaftliches oder familiäres Ereignis, z.B. das Betriebsfest, das Geburtstagsfest, das Hochzeitsfest;
  2. Feste, die in bestimmten Orten und Regionen stattfinden.

Auf dem Lande feiert man Feste, die mit der Ernte zusammenhängen (Erntedankfeste). In den Städten gehen die Feste auf die Traditionen des Handwerks zurück. Berühmt ist der Karneval in Köln und Mainz und der Fasching in München. Im Herbst gibt es Weinfeste in den Weingegenden. Das größte Volksfest ist das Oktoberfest (siehe „Oktoberfest"), das Ende September/Anfang Oktober in München gefeiert wird.

- **festsetzen**
  er/sie setzt fest, setzte fest, hat festgesetzt

  Beispiel: Der Prüfungstermin wurde schon festgesetzt.

- **Finanzamt (das), -ämter**
  die Finanzen (Pl.) + das Amt

  Das F. ist für die Steuern zuständig.
  Jeder Arbeitnehmer braucht eine Steuernummer und eine Lohnsteuerkarte vom F. Ein Selbstständiger braucht eine Steuernummer. Er muss Steuern ans F. zahlen, die abhängig sind von der Höhe des Gewinns pro Jahr.

- **Finanzgericht (das), -e**
  die Finanzen (Pl.) + das Gericht

  Bei Konflikten mit dem Finanzamt kann Klage beim F. erhoben werden.

- **finanzieren**
  er/sie finanziert, finanzierte, hat finanziert

  Beispiel: Es ist noch unklar, wer das Projekt finanziert.

- **Flagge (die), -n**
  Siehe „Staatssymbol" und „EU".

- **Flüchtling (der), -e**

  flüchten, er/sie flüchtet, flüchtete, ist geflüchtet; Nomen: die Flucht

  Flüchtlinge sind nach der Genfer Flüchtlingskonvention Personen, die Schutz außerhalb des Staates suchen, dessen Staatsangehörigkeit sie besitzen. Aus Furcht vor Verfolgung wegen ihrer Rasse (Begriff der Genfer Flüchtlingskonvention), Religion, Nationalität, der Zugehörigkeit zu einer bestimmten sozialen Gruppe oder wegen ihrer politischen Überzeugung. Der Begriff gilt für anerkannte Flüchtlinge.

- **Föderalismus (der)**

  Adj.: föderalistisch; Gegensatz: der Zentralismus

  Föderalistische Staaten bestehen aus Gebieten, die auch eigene Gesetze und Rechte haben, diese heißen in Deutschland Bundesländer.
  Bund, Bundesländer und Kommunen (= Gemeinden, Städte, Orte, Regionen) arbeiten zusammen. Jeder hat bestimmte Aufgaben. Beispiel: Die Bundesrepublik Deutschland ist ein föderalistischer Staat. Sie besteht aus 16 Bundesländern.

- **Föderation (die)**

  Adj.: föderal

  Die F. ist der Zusammenschluss von gleichberechtigten Organisationen zur Erreichung gemeinsamer Ziele. Eine politische F. ist ein föderal gegliederter Staat.

- **fördern**

  er/sie fördert, förderte, hat gefördert

  Beispiel: Der Staat fördert den Sport.

- **Förderschule (die), -n**

  fördern + die Schule

  Die F. ist ein alternativer Lernort zur allgemeinen Schule, in der Kinder und Jugendliche sonderpädagogisch gefördert werden. 2009 ist die UN-Behindertenrechts-Konvention in Kraft getreten. Wesentlich darin ist die Forderung der Inklusion, also das gemeinsame Lernen von Schülerinnen und Schülern mit und ohne Behinderung in allen Schularten.

- **Formular (das), -e**

  Beispiel: Kann man das F. auch online ausfüllen?

- **Forschung (die)**

  Verb: forschen, er/sie forscht, forschte, hat geforscht

  Beispiel: Die Ergebnisse der F. werden meistens veröffentlicht.

- **Fortbildung (die),**

  Verb: sich fortbilden, er/sie bildet sich fort, bildete sich fort, hat sich fortgebildet

  Beispiel: Ich mache eine F., die von der Firma bezahlt wird.

- **Fraktion (die), -en**

  Abgeordnete einer Partei können im Parlament zu einer Fraktion zusammengehen, wenn sie gemeinsame Interessen und Ziele haben.

  Das können Mitglieder einer Partei oder Mitglieder von zwei ähnlichen Parteien (z.B. CDU und CSU) sein. Sie müssen mindestens 5% aller Abgeordneten ausmachen. Manchmal wird erwartet, dass sie einheitlich abstimmen (= Fraktionszwang).

- **Frauenquote (die)**

  die Frauen (Pl.) + die Quote

  Die Politik hat im Jahr 2016 eine F. in Aufsichtsräten durchgesetzt: mindestens 30%

Frauen in den größten Unternehmen. Diese Quote wurde weitgehend erreicht. In Vorständen sind Frauen aber weiterhin nur schwach vertreten.

- **frei (Adj.)**
  Nomen: die Freiheit; Verb: befreien, er/sie befreit, befreite, hat befreit.

1. politisch oder persönlich unabhängig. Beispiel: ein freies Land;
2. nicht besetzt. Beispiel: eine freie Stelle;
3. etwas kostet nichts. Beispiel: freier Eintritt.

- **Freiheitsrechte (die) (Pl.)**
  die Freiheit + die Rechte (Pl.)

Die Freiheitsrechte sind im Grundgesetz festgelegt. Man unterscheidet das Recht, frei zu handeln (Allgemeine Handlungsfreiheit), das Recht auf Leben, das Recht, frei seinem Glauben und seinem Gewissen zu folgen (Glaubens- und Gewissensfreiheit), seine Meinung zu sagen (Meinungsfreiheit), sich zu versammeln (Versammlungsfreiheit), Vereine und Gesellschaften zu bilden (Vereinigungsfreiheit), das Brief-, Post- und Fernmeldegeheimnis, die Freizügigkeit, den Beruf und den Arbeitsplatz frei zu wählen (Berufsfreiheit), die Unverletzlichkeit der Wohnung, das Petitionsrecht.

- **Freizeit (die)**

F. ist eine freie Zeit, die jeder für sich nutzen kann. In Deutschland verbringt man seine F. gern mit Freunden oder macht es sich zu Hause gemütlich. Beliebt ist Sport, Wandern in der Natur, Reisen, aber auch Weiterbildung jeglicher Art.

- **Freizügigkeit (die)**

1. Das Recht auf F. ist in Artikel 11 des Grundgesetzes geregelt. Die Bürger dürfen umziehen und selbst entscheiden, wo sie wohnen möchten.
2. Im EU-Recht ist F. ein Grundrecht. Die Arbeitnehmer aus EU-Staaten dürfen sich in jedem Mitgliedsstaat um eine Stelle bewerben und dort wie Inländer arbeiten.

- **Friede (der) / Frieden (der)**

Ruhe und Sicherheit im Staat und zwischen den Staaten. Beispiele: in Frieden leben, in Ruhe und Frieden, Frieden schließen.

- **friedlich (Adj.)**

einen Konflikt friedlich lösen (= ohne Gewalt), ein friedlicher Mensch (= ruhig und umgänglich).

- **Frist (die)**

Beispiel: Ich habe die F. für die Anmeldung versäumt.

- **Fronleichnam**

Siehe „christlicher Feiertag".

- **Führerschein (der), -e**

Der F. gibt das Recht, einen Wagen einer bestimmten Klasse zu fahren. Die Führerscheinprüfung ist auf Deutsch. Wer nicht Deutsch als Muttersprache spricht, kann die Theorie-Prüfung unter Umständen in der Muttersprache machen. Es stehen mehr als zehn Sprachen zur Verfügung.

- **Fundamentalist (der), -en**
  Nomen: der Fundamentalismus

  1. Der Begriff stammt aus der Geschichte der christlichen Kirchen. Christliche Fundamentalisten berufen sich allein auf die Bibel als Fundament, die sich nach ihren Vorstellungen nicht irrt und nicht ausgelegt wird.
  2. Konservativer Muslim, der kompromisslos an den einmal gegebenen ideologischen und religiösen Grundsätzen festhält.

- **Fünf-Prozent-Hürde (5%-Hürde)**

Für Wahlen in den Bundestag, zu Landtagen und verschiedenen Kommunalwahlen gilt die Fünf-Prozent-Hürde oder Fünf-Prozent-Klausel.

Eine Partei braucht mindestens 5% der Zweitstimmen, um ins Parlament zu kommen. Bekommt sie nur 4,9%, geht sie leer aus.

> Diese Hürde wurde geschaffen, um eine Zersplitterung des Parlaments in sehr kleine Parteien zu vermeiden. Viele kleine Parteien würden es schwerer machen, eine stabile Regierung zu bilden.

- **Fürsorgepflicht (die)**
  die Fürsorge + die Pflicht

Die F. von Eltern ist im Bürgerlichen Gesetzbuch (= BGB) geregelt: Eltern haben das Recht und die Pflicht, ihre minderjährigen Kinder zu pflegen, zu erziehen und zu beaufsichtigen.

Aus dem Grundgesetz ergibt sich eine F. des Staats: „Die Bundesrepublik Deutschland ist ein demokratischer und sozialer Bundesstaat." Bedürftige haben ein Recht auf Sozialhilfe, wenn sie sich nicht selbst helfen können oder Hilfe von anderer Seite bekommen. Die Finanzierung erfolgt über die Steuer.

- **Ganztagsschule (die), -n**
  ganz (Adj.) + der Tag + die Schule

Die Zahl der Ganztagsschulen wächst. Die Schüler verbringen einen großen Teil des Tages in der Schule. Im Gegensatz zur Normalschule bietet die G. meistens das Mittagessen und eine Hausaufgabenhilfe.

> Schule und Freizeit sind miteinander verbunden. Die Schule bietet offene Lernformen und vor allem mehr künstlerische und sportliche Fächer am Nachmittag. Sie will das gegenseitige Verständnis im Zusammenleben von Schülern unterschiedlicher Herkunft fördern und gibt Müttern und Vätern die Möglichkeit, ihr Berufsleben besser zu planen.

- **garantieren**
  er/sie garantiert, garantierte, hat garantiert

= fest versprechen. Beispiel: Die Firma garantiert die pünktliche Lieferung der Ware.

- **Garantiezeit (die)**
  die Garantie + die Zeit

Beispiel: Sie haben ein Gerät gekauft. Zu Hause entdecken Sie, dass es beschädigt oder defekt ist. Dann gilt die G.: Wenn das Gerät eine Garantiezeit hat und es in dieser Zeit kaputtgeht, dann wird es kostenlos repariert. Sie bekommen ein neues Gerät oder ihr Geld zurück.

- **Gastarbeiter (der), -**
  der Gast + der Arbeiter

In den 1950er- und 1960er-Jahren warb die Bundesregierung um ausländische Arbeitskräfte. Die ersten G. kamen aus Italien, es folgten Gastarbeiter aus dem damaligen Jugoslawien, aus Spanien, Portugal, Griechenland und der Türkei. Die Arbeiter wurden Gastarbeiter genannt, weil man glaubte, dass sie nach einer bestimmten Zeit wieder in ihr Heimatland zurückkehren würden. Es fehlten in der Bundespublik Arbeitskräfte und man kann annehmen, dass ohne die ausländischen Gastarbeiter das deutsche Wirtschaftswunder nicht so möglich gewesen wäre. Der Ausländeranteil wuchs und 1973 erfolgte dann der Anwerbestopp. Die Ausländer blieben und holten ihre Familien nach. Integration wurde zu einem wichtigen Thema.

- **Gebühr (die), -en**

= Zahlung für eine öffentliche Dienstleistung. Zum Beispiel: Die Rundfunkgebühr muss jeder Haushalt zahlen.

- **Gedenkstätte (die), -n**
  gedenken + die Stätte
Ort des Erinnerns.

- **Gedenktag (der), -e**
  gedenken + der Tag
Tag des Erinnerns. Beispiel: Der 27. Januar ist der Gedenktag für die Opfer des Nationalsozialismus. An diesem Tag ist im Jahr 1945 das Vernichtungslager Auschwitz-Birkenau befreit worden.

- **Gefährder (der), -**
  Eine Person, von der man annimmt, dass von ihr Gefahr ausgehen wird; jemand, der Terror wird planen können. Seit 2017 gibt es das „Gesetz zur besseren Durchsetzung der Ausreisepflicht".

- **Gehalt (das), Gehälter**
  = Arbeitslohn. Beispiel: Die Gehälter werden erhöht/gekürzt. Siehe „Lohn".

- **geheim (Adj.)**
  Etwas, das g. ist, wird nicht öffentlich bekannt gegeben, ist nicht für andere bestimmt. Beispiel: Die Wahlen in Deutschland sind geheim.

- **Gemeinde (die), -n**
auch: die Kommune. Die G. ist die kleinste politische Verwaltungseinheit.

- **Gemeinderatswahl (die)**
  der Gemeinderat + die Wahl
Siehe „Wahl".

- **Gemeinschaft (die)**
1. eine Familie, eine Gemeinde. Beispiel: Essen in G. macht mehr Spaß als allein.
2. Staaten mit gemeinsamer Organisation. Beispiel: die Europäische Gemeinschaft.

- **Gemeinwohl (das)**
= das allgemeine Wohl aller Mitglieder einer Gemeinschaft (= Zustand, in dem man sich gut aufgehoben fühlt). Beispiel: dem G. dienen.
  Neu ist die Bewegung der Gemeinwohl-Ökonomie: Ihr Ziel ist die Überwindung des Kapitalismus, also eines Systems, in dem Gewinnstreben und Konkurrenz belohnt wird. Stattdessen sollen der Dienst am Gemeinwohl und die Kooperation belohnt werden. Das kann aber nur funktionieren, wenn die Gesellschaft einen gemeinsamen Rahmen schafft, an dem sich alle orientieren.

- **genehmigen**
  er/sie genehmigt, genehmigte, hat genehmigt; Nomen: die Genehmigung
= die Erlaubnis geben. Beispiel: Das Bauamt hat den Bau genehmigt.

- **Gerechtigkeit (die)**
Der Begriff „soziale Gerechtigkeit" ist ein wichtiges Thema in Politik und Gesellschaft. Was gerecht und was ungerecht ist, wird emotional diskutiert. Es geht zum Beispiel um Generationengerechtigkeit, Chancengleichheit, die Kluft zwischen Arm und Reich usw.

- **Gericht (das), -e**
1. eine Institution der Rechtsprechung,
2. das Gebäude, in dem sich ein G. befindet.
Wir unterscheiden das
- Arbeitsgericht (Probleme in der Arbeit zwischen Arbeiternehmer und Arbeitgeber),
- das Sozialgericht (in Problemen mit der Sozialversicherung, der Grundsicherung, der Sozialhilfe, dem Wohngeld),
- das Verwaltungsgericht (bei Problemen mit Behörden),
- das Amtsgericht (zuständig für Strafsachen, Ehesachen, Scheidung) und
- das Finanzgericht (zuständig für Klagen gegen Finanzbehörden),

- das Bundesverfassungsgericht als oberstes Gericht.

- **Gesellschaft (die), -en**
    1. die offene/liberale politische G. Beispiel: Gesetze sind der Rahmen für das Zusammenleben in der G.
    2. die Wirtschaft: Beispiel: Marie arbeitet in einer großen Versicherungsgesellschaft.
    3. die private G. Beispiel: Torsten fühlt sich in der G. seiner Tante nicht wohl.

- **Gesetz (das), -e**
Im Grundgesetz Artikel 3 steht: „Alle Menschen sind vor dem Gesetz gleich." Die Gesetze sind die Grundlage für das Zusammenleben im Staat. Sie geben Freiheiten, aber auch Grenzen.

- **gesetzgebende Gewalt (die)**
= die Legislative. Siehe „Gewaltenteilung".

- **gesetzlich (Adj.)**
= durch ein Gesetz geregelt. Beispiel: Die Sozialversicherungen sind gesetzlich geregelt.

- **Gewalt (die)**
1. die staatliche Gewalt = Macht; siehe „Gewaltenteilung".
2. die körperliche Gewalt. Beispiel: Prügel, Mord, psychische Gewalt. „Ich bin gegen jede Form von Gewalt."

- **Gewaltenteilung (die)**
    die Gewalten (Pl.) + die Teilung

In demokratischen Staaten ist die Macht geteilt: in eine legislative (= gesetzgebende) und eine exekutive (= ausführende) Gewalt. Beide werden von der judikativen (= rechtsprechenden) Gewalt kontrolliert.
Legislative Gewalt = das Parlament und die Länderparlamente, die die Gesetze beschließen; exekutive Gewalt = die Bundesregierung, die Landesregierungen und die öffentliche Verwaltung, die die Gesetze ausführen; judikative Gewalt = das Bundesverfassungsgericht und die Gerichte, die über die Gesetze wachen.
    Der französische Philosoph Montesquieu entwickelt im 18. Jahrhundert die Idee der Gewaltenteilung (in „De l'Esprit des Lois" 1748). Sie fordert, die gesetzgebende, die vollziehende und die richterliche Gewalt streng zu trennen, um Machtmissbrauch zu verhindern und die Freiheit zu garantieren. Die G. liegt allen demokratischen Verfassungen zugrunde.

- **Gewaltmonopol (das)**
    die Gewalt + das Monopol

    G. des Staates heißt, dass nur die demokratisch legitimierte Gewalt, nicht die Gewalt gesellschaftlicher Kräfte rechtmäßig ist. Das staatliche G. wird im demokratischen Staat von Polizei und Militär unter Beachtung aller Gesetze ausgeübt.

- **Gewerbeamt (das), -ämter**
    das Gewerbe + das Amt

Wer ein eigenes Geschäft aufmachen will, muss sich beim G. anmelden. Er ist dann selbstständig, nicht angestellt.
    Der Gründer wird dann in das Gewerberegister der Stadt eingetragen und bekommt einen Gewerbeschein. Er wird vom G. beim Finanzamt angemeldet und zahlt Gewerbesteuer.

- **Gewerkschaft (die), -en**
Eine G. vertritt die Arbeitnehmer einer Branche, z.B. der Baubranche. Die Gewerkschaften engagieren sich, um die Interessen der Arbeitnehmer gegenüber den Arbeitgebern und in der Politik durchzusetzen. Ihre Ziele sind mehr Lohn und Gehalt, flexible Arbeitszeiten, ein starkes Tarifsystem und mehr Mitbestimmung.
    Der DGB (= Deutscher Gewerkschaftsbund) ist eine Dachorganisation für verschiedene Gewerkschaften in Deutschland. Der DGB hatte im Jahr 2016 über

6 Millionen Mitglieder.
Die größte G. ist die Industriegewerkschaft Metall (= IG Metall), es folgt die Dienstleistungsgewerkschaft ver.di und die Gewerkschaft Erziehung und Wissenschaft GEW. Gewerkschaften handeln die Tarifverträge mit den Arbeitgebern aus. Es gibt viele Einzelgewerkschaften in den Bereichen Verwaltung, Bildung, Sicherheit, Justiz, Finanzen, Verkehr, Gesundheit, Handwerk usw. Viele Dienstleistungsfirmen, vor allem Start-ups sind nicht in einer Gewerkschaft organisiert.

- **Glaubens- und Gewissensfreiheit (die)**

  der Glauben/das Gewissen + die Freiheit

  Die G. ist ein Grundrecht im Grundgesetz: Jeder kann nach seiner Religion leben.
  Die G. erlaubt es jedem, sich zu seinem Glauben zu bekennen, ohne dadurch Vorteile oder Nachteile zu haben, wenn er dadurch keinen anderen schädigt oder bedrängt. Sie gehört zu den Grundrechten wie auch Gedankenfreiheit und Meinungsfreiheit. Siehe „Grundrechte".

- **Gleichbehandlung (die)**

  Siehe „Antidiskriminierungsgesetz".

- **gleichberechtigt (Adj.)**

  = die gleichen Rechte besitzen. Beispiel: Artikel 3 des Grundgesetzes sagt, dass Männer und Frauen die gleichen Rechte haben.

- **Gleichberechtigung (die)**

Im Jahr 1957 verabschiedete der Deutsche Bundestag das Gleichberechtigungsgesetz zur G. von Mann und Frau. Hürden in den Gesetzen, die dem Grundgesetz widersprachen, wurden gestrichen.

In der Realität verdienen Männern im Allgemeinen – als Angestellte und als Arbeiter – heute noch ca. ein Fünftel mehr als Frauen. Die Gründe sind: Frauen legen in der Familienphase Pausen ein; Es ist nicht immer einfach, Familie und Beruf zu vereinbaren; Frauen arbeiten oft in sozialen Berufen, die schlechter bezahlt werden. Die Politik bemüht sich um „Equal Pay" (= gleicher Lohn für gleiche oder gleichwertige Arbeit).

- **Gleichschaltung (die)**

G. ist ein Begriff in Zusammenhang mit dem Nationalsozialismus. Er bezeichnet das Ende demokratischer Freiheiten in allen Lebensbereichen und damit eines der dunkelsten Kapitel der deutschen Geschichte. Beispiel: Alle Gewerkschaften wurden verboten; es gab nur noch die NS-Gewerkschaft.

- **Globalisierung (die)**

  G. bezeichnet einen Prozess, der in den letzten Jahrzehnten stattgefunden hat. Die Kosten für Transport und Informationen, von Gütern und Kapital sind international gesunken und haben zu wirtschaftlichen Verflechtungen geführt. Globale Möglichkeiten der Kommunikation sind immer schneller und billiger geworden. Dazu kommen Digitalisierung und das Internet.
  Globalisierungskritik ist die kritische Auseinandersetzung mit den ökonomischen, sozialen, kulturellen und ökologischen Folgen. Kritiker sind vor allem Nichtregierungsorganisationen (NGOs) wie das Netzwerk Attac, das in fünfzig Staaten tätig ist. Es kämpft für eine neue Weltwirtschaftsordnung und setzt sich dafür ein, dass die Verbesserung der Lebensbedingungen, die Förderung von Demokra-

tie und der Schutz der Umwelt vorrangige Ziele von Politik und Wirtschaft sein sollten. Motto: „Mensch und Natur vor Profit!"

• Goethe, Johann Wolfgang von (1749–1832)

G. war Dichter, Denker, Theatermann, Naturwissenschaftler und Staatsmann. Der Dichter Johann Wolfgang von Goethe ist auch nach 200 Jahren lebendiger Teil des kulturellen Lebens. Besucher aus aller Welt kommen in sein Geburtshaus in Frankfurt am Main, das im 18. Jahrhundert zu den schönsten der Stadt zählte, und in sein Haus in Weimar.

Der Herzogs hatte ihn nach Weimar eingeladen, eine Kleinstadt, die das Zentrum der Weimarer Klassik wurde. Die Tragödie „Faust" gilt als sein Hauptwerk. Es ist das Drama eines nach Erkenntnis und Erfüllung strebenden Menschen, der dafür auch den Pakt mit dem Teufel nicht scheut.

• Grundgesetz (das)

(kurz: GG) Das GG ist die Verfassung der Bundesrepublik Deutschland. Sie enthält vier Verfassungsprinzipien: Föderalismus, Demokratie, Sozialstaatlichkeit, Rechtsstaatlichkeit.
Das G. wurde nach dem Zweiten Weltkrieg 1949 beschlossen (siehe „Parlamentarischer Rat"). Die Artikel 1 bis 19 garantieren die Grundrechte. Das sind die rechtlichen und politischen Regeln der Bundesrepublik Deutschland.
Die Grundrechte unterscheiden zwischen Rechten, die nur für Deutsche gelten und Rechten, die für jedermann gelten. Siehe „Grundrechte" und „Rechte und Pflichten".

• Grundordnung (die)

= die freiheitlich demokratische Grundordnung. Sie ist in Artikel 20 des Grundgesetzes festgelegt. Alle Deutschen haben das „Recht zum Widerstand", wenn jemand „unternimmt, diese Ordnung zu beseitigen".

• Grundrechte (die) (Pl.)

Die G. sind in den ersten 19 Artikeln des Grundgesetzes und weiteren Artikeln festgelegt. Es sind Menschen- und Bürgerrechte, die der Staat einhalten muss. Dazu ist er verpflichtet. Zu den Grundrechten gehören:
- der Schutz der Menschenwürde (Artikel 1), die Freiheit der Person (= das Recht, frei zu handeln),
- Recht auf Leben (Artikel 2),
- die Gleichheit vor dem Gesetz, die Gleichberechtigung von Mann und Frau (Artikel 3),
- die Glaubens- und Gewissensfreiheit (Artikel 4),
- die Meinungs-, Informations- und Pressefreiheit (Artikel 5),
- der Schutz von Ehe und Familie (Artikel 6),
- Schulwesen, Elternrechte (Artikel 7),
- die Versammlungsfreiheit (Artikel 8),
- Vereinigungsfreiheit (= das Recht, Vereine oder Gesellschaften zu bilden) (Artikel 9),
- das Brief- und Postgeheimnis (Artikel 10),
- das Recht auf Freizügigkeit (= die freie Wahl des Wohnorts) (Artikel 11),
- das Recht auf freie Berufswahl (Artikel 12),
- das Recht auf die Unverletzlichkeit der Wohnung (Artikel 13),
- Schutz des Eigentums (Artikel 14),
- Überführung in Gemeineigentum (= Enteignung, Entschädigung) (Artikel 15),
- Staatsangehörigkeit (= Verbot der Ausbürgerung und Auslieferung) (Artikel 16),
- das Recht auf Asyl (Artikel 16a),
- Petitionsrecht (= das Recht, Bitten und Beschwerden an die Behörden zu senden) (Artikel 17),

- Verwirkung (= Verlust) der Grundrechte (Artikel 18),
- Gewährleistung (= Garantie) der Grundrechte (Artikel 19).
- das Wahlrecht (Artikel 38).

- **Grundschule (die), -n**
Die G. umfasst die Klassen 1 bis 4. Nur in Berlin und Brandenburg gehen die Schüler bis zur 6. Klasse gemeinsam in die Schule. Nach der G. müssen sich die Eltern für den Besuch einer Hauptschule/Mittelschule, einer Realschule oder eines Gymnasiums (= Weiterführende Schulen) entscheiden.
Siehe „Schulsystem".

- **Grundsicherung (die)**
G. ist eine Sozialleistung für Bedürftige, die aus Steuern bezahlt wird. Wenn die Rente nicht reicht, können Rentner zusätzlich die G. beantragen. Sie ist Hilfe zum Lebensunterhalt.

- **Gründung (die)**
Verb: gründen, er/sie gründet, gründete, hat gegründet
Beispiele: Mark hat ein Start-up gegründet. - Köln wurde wahrscheinlich im Jahr 19 v. Chr. (= vor Christus) als eine römische Siedlung gegründet.

- **Grüne (die) (Pl.)**
(= Die Grünen) Anhänger und Mitglieder der Partei Bündnis 90/Die Grünen.

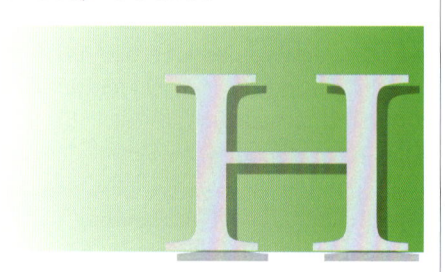

- **Haft (die)**
= Gefängnisstrafe. Beispiel: Der Angeklagte hat 6 Monate Haft/Gefängnis bekommen.

- **Handwerker (der), -**
Handwerker sind z.B. Fleischer, Bäcker, Tischler, Kraftfahrzeugmechaniker, Bauarbeiter, Maler usw.
Wer einen Handwerksbetrieb gründen will, muss in vielen Berufen die Meisterprüfung haben.

- **Hanse (die)**
Die H. ist ein 1358 gegründeter Städtebund aus bis zu 80 Städten unter der Führung Lübecks. Ziele des Bündnisses waren nur Handelsinteressen und gegenseitiger Schutz. Die Hanse hatte etwas 200 Jahre das Handelsmonopol im Ostseeraum. Hamburg, Bremen und Lübeck bezeichnen sich heute noch als Hansestädte. Der Zusammenschluss freier Bürger und Städte war etwas Neues in Europa. Der Niedergang begann erst mit der Entdeckung Amerikas.

- **Hartz IV**
= umgangssprachlich für Arbeitslosengeld II (früher Arbeitslosenhilfe und Sozialhilfe); benannt nach dem Verantwortlichen für diese Hilfe. Wer arbeitslos wird, bekommt mindestens ein Jahr Arbeitslosengeld I und danach Arbeitslosengeld II. Es ist eine Grundsicherung für Arbeitslose, die nicht ausreichend Geld für den Lebensunterhalt besitzen. Wer arbeitslos ist, muss auch Minijobs und Teilzeitstellen annehmen. Die Grundsicherung ist zu wenig, um gesellschaftliche Teilhabe zu ermöglichen. Das wird heftig kritisiert.
Auch wer arbeitet, aber nicht genug für den Lebensunterhalt verdient, kann zusätzlich Hartz IV beantragen (= aufstocken).

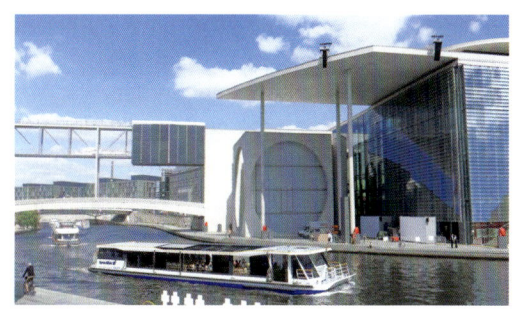

- **Hauptstadt (die), -städte**

Die Hauptstadt Deutschlands ist Berlin.
> Eine H. ist das politische Zentrum eines Staates. Bonn war Hauptstadt von 1948 bis 1991. Dann begann der Umzug nach Berlin, der bis zum Jahr 2000 dauerte. Einige Behörden sind noch immer in Bonn.

- **Hausfrau (die), -en / Hausmann (der), -männer**

Eine Hausfrau / Ein Hausmann arbeitet vor allem im Haus und für die Familie.
> Das Leben als H. ist für die meisten Frauen nicht mehr zeitgemäß. Sie wollen Familie und Beruf. Die Einrichtung von Kitas und das Elterngeld unterstützen diese Entwicklung. Nicht selten gibt es auch Hausmänner, die sich um Kinder und Haushalt kümmern, während die Frau arbeiten geht.

- **Hausordnung (die)**
  das Haus + die Ordnung

Die H. findet man im allgemeinen Teil des Mietvertrages. Sie regelt das Zusammenleben der Mieter und enthält Verbote und Pflichten, z.B. wann Nachtruhe ist oder wann und wie lange man ein Instrument spielen darf.

- **Heimat (die)**

H. ist der Ort oder die Region, wo man geboren und aufgewachsen ist. H. ist der Ort, wo man sich wohlfühlt.
> Der Begriff hat eine sehr wechselvolle Geschichte: Die Nationalsozialisten bemächtigten sich des Begriffs mit ihrer „Blut-und-Boden-Ideologie". Seit einigen Jahren greift die Partei „Alternative für Deutschland" Heimat als Kampfbegriff wieder auf gegen „Multikulti" und gegen Flüchtlinge.
> Auch die anderen Parteien machen Heimatpolitik zum Thema, allerdings unter anderen Vorzeichen. Ein Heimatministerium soll gleiche Lebensbedingungen in allen Regionen herbeiführen. Heimat hat als Gegenbewegung zu Globalisierung und internationaler Vernetzung heute wieder eine gewisse Bedeutung bekommen. Das führt zur Kultivierung von Heimatgefühl, Liedern, Traditionen und Dialekten. Heimat liegt im Trend.

- **Heirat (die)**
  Verb: heiraten, er/sie heiratet, heiratete, hat geheiratet

In Deutschland heiratet man auf dem Standesamt; das ist eine staatliche Behörde. Wer möchte, kann nach der standesamtlichen Heirat auch noch kirchlich heiraten.
> Auf dem Standesamt bekommt man eine Urkunde über die Eheschließung.

- **Helferkreis (der), -e**
  die Helfer (Pl.) + der Kreis

> Ca. 890 000 Menschen kamen im Jahr 2015 nach Deutschland. Zu dieser Zeit bildeten sich private Helferkreise aus Bürgern, die ihre Hilfe anboten. Später kümmerten sie sich um Wohnraum und Sprachunterricht für anerkannte Flüchtlinge und halfen bei Problemen des Alltags und mit Behörden. Viele Helfer sind auch heute noch im Einsatz.

- **Hilfsorganisation (die), -en**
  die Hilfe + die Organisation

> Zivile Hilfsorganisationen sind zuständig für Nothilfe. Dazu gehören das Deutsche Rote Kreuz, der Arbeiter-Samariter-Bund,

die Deutsche Lebens-Rettungs-Gesellschaft usw. Staatliche H. sind z.B. das Technische Hilfswerk (TH), die Feuerwehr oder die Deutsche Gesellschaft für Internationale Zusammenarbeit (GIZ) im Auftrag des Auswärtigen Amts.

- **Hochdeutsch**

Es gibt das Hochdeutsche und die Dialekte. Die Menschen in Deutschland sprechen Hochdeutsch, viele sprechen aber auch einen Dialekt. H. ist die deutsche Standardsprache, das Schriftdeutsch ohne Dialekt. Sie entwickelte sich erst vor ca. 500 Jahren. Im Gegensatz zum Hochdeutschen gibt es in den Regionen viele Dialekte. Auch Deutsche haben oft Probleme, Dialekte zu verstehen. Bairisch und den Berliner Dialekt hört man oft in Film und Fernsehen.

- **Hochzeit (die), -en**

= das Hochzeitsfest. H. feiern. Siehe „Heirat".

- **Hoffmann von Fallersleben, Heinrich (1798-1874)**

Hochschullehrer und Dichter. Schrieb den Text zur späteren deutschen Nationalhymne. Siehe „Bundeshymne".

- **Holocaust (der)**

= „die Katastrophe, das große Unglück", auch die Schoah. Der H. ist der Völkermord an den europäischen Juden in der Zeit des Nationalsozialismus. Mehr als 6 Millionen Juden wurden in den „Konzentrationslagern", den sogenannten „Todesfabriken" fabrikmäßig ermordet.

Das Denkmal für die ermordeten Juden Europas in Berlin erinnert an die Verbrechen des Nationalsozialismus. Es steht im Zentrum Berlins in der Nähe des Brandenburger Tors.

Nach der Machtergreifung der Nationalsozialisten 1933 begann die systematische Verfolgung: Deutsche sollten nicht mehr in jüdischen Geschäften kaufen, Deutsche durften nicht mehr Deutsche jüdischer Abstammung heiraten oder sollten sich von ihrem jüdischen Partner / ihrer jüdischen Partnerin trennen. Juden durften am öffentlichen Leben nicht mehr teilnehmen. Ca. 2000 antijüdische Gesetze wurden erlassen. 1938 wurden in der sogenannten "Reichskristallnacht" jüdische Geschäfte zerstört und Synagogen niedergebrannt. Viele, auch viele Künstler und Wissenschaftler, flohen ins Ausland. Es begann die Verschleppung und Ermordung in die Konzentrationslager im besetzten Polen. Der Holocaust ist ein Zivilisationsbruch und ein unvorstellbares Verbrechen.

- **Hort (der), -e**

= Kindertagesstätte für Schüler vor allem der Grundschule nach Schulschluss.

- **Humboldt-Forum (das)**

Das Schloss der preußischen Könige in der Mitte Berlins wurde 1950 abgerissen. An dieser Stelle stand dann 30 Jahre lang der Palast der Republik, der Sitz der DDR Volkskammer. Heute entsteht auf dieser Fläche als Wiederaufbau des Schlosses das H.-F., in das die außereuropäischen Sammlungen der Stiftung preußischer Kulturbesitz und die Präsentation der Stadt Berlin einziehen werden.

Ziel ist nichts Geringeres als die Darstellung von Geschichte und Kulturen der Welt als Ganzes.

- Jugendliche lernen Deutsch und können eine Berufsausbildung machen. Leider ist es für sie nicht einfach, eine Lehrstelle zu finden.
- Kinder, die schulpflichtig sind, gehen in die Schule.

- **Immigration (die)**
  = die Einwanderung.

- **Import (der), -e**
  = die Einfuhr von Waren im Gegensatz zum „Export" (= die Ausfuhr).

- **Industrie- und Handelskammer (die), -n**
  die Industrie / der Handel + die Kammer
  (kurz: IHK) Die IHKs sind Einrichtungen für die Wirtschaft. Sie beraten, begleiten Gründer, engagieren sich für die duale Berufsausbildung und sind Ansprechpartner für Politik und Verwaltung.

- **Institution (die), -en**
  auch: die Einrichtung, die Organisation. Gesellschaftliche, staatliche oder kirchliche Organisation, die dem Einzelnen oder der Allgemeinheit dient.

- **Integration (die)**
  Verb: (sich) integrieren, er/sie integriert (sich), integrierte (sich), hat (sich) integriert; auch: wird integriert
  Ziel der Flüchtlingspolitik ist die Integration für Bleibeberechtigte. I. soll in verschiedenen Bereichen gelingen:
  - Anerkannte Asylbewerber bekommen Integrationskurse, in denen sie Deutsch lernen und das Leben in Deutschland kennenlernen. Sie haben die Pflicht, einen Kurs zu besuchen, wenn Sie nur wenig Deutsch sprechen oder kein Deutsch sprechen. Ziel ist eine Ausbildung oder eine Arbeit.

- **Integrationskurs (der), -e**
  die Integration + der Kurs.
  Verb: sich integrieren
  Der I. besteht aus einem Sprach- und einen Orientierungskurs.
  Das Bundesamt für Migration und Flüchtlinge (= BAMF) oder das Ausländeramt vermitteln die Teilnahme. Auch Flüchtlinge mit guter Bleibeperspektive oder mit Duldung können unter bestimmten Voraussetzungen an einem Sprach- und einem Orientierungskurs teilnehmen
  Im Sprachkurs wird die deutsche Sprache auf den Niveaus A1 bis B1 vermittelt, um sich im Alltag zurechtzufinden: Themen wie Wohnen, Einkaufen, Familie, Medien, Schule, Freizeit, Arbeit, Arztbesuch. Themen im Orientierungskurs sind die Rechte und Pflichten als Staatsbürger, die Struktur des Staates, die Kultur und die Geschichte Deutschlands. Am Ende folgt eine Abschlussprüfung. Es geht vor allem darum, die Regeln einer liberalen Gesellschaft kennenzulernen (siehe „Demokratie", „Gleichberechtigung", „Ehe für alle"), in der z.B. Antisemitismus keinen Platz hat und das Existenzrecht Israels ein Grundsatz des Staates ist.
  Es gibt auch spezielle Kurse: den Jugendintegrationskurs für junge Leute, die eine Ausbildung machen wollen; Kurse nur für Frauen oder Alphabetisierungskurse.

- **interkulturell (Adj.)**
  = betrifft verschiedene Kulturen. Beispiele: interkulturelle Beziehungen, interkulturelle Treffen. Gemeinden organisieren jährlich eine interkulturelle Woche.

- **Islam (der)**
Der I. ist eine der großen monotheistischen Weltreligionen. Er wurde im 7. Jahrhundert n. Chr. durch Mohammed in Arabien gestiftet.

- **Islamist (der), -en**
Nomen: der Islamismus = der politische Islam; Adj.: islamistisch

Der I. ist eine Person mit islamistischer Gesinnung. Strafbar ist die islamistisch motivierte Gewalt und die Propaganda für verbotene Organisationen.

- **Jamaika-Koalition (die)**
Jamaika hat die Nationalfarben Grün, Gelb (Gold) und Schwarz. Koalition aus Grün = Bündnis 90/Die Grünen, Gelb = FDP und Schwarz = CDU/CSU. Diese Koalition ist bisher nicht zustande gekommen.

- **Jobcenter (das), -**
der Job + das Center

Gemeinsame Einrichtung von Arbeitsagentur und Kommunen. Zuständig für die Grundsicherung für Arbeitsuchende.

- **Judentum (das)**
Personen: der Jude, -n / die Jüdin, -nen; Adj.: jüdisch;

Das religiöse J. ist eine der monotheistischen Weltreligionen.
Es ist die älteste monotheistische Religion. Sie hat ihren Ursprung vor 3000 Jahren im heutigen Israel.

- **Judikative (die)**
= die rechtsprechende oder richterliche Gewalt (das Bundesverfassungsgericht und die Gerichte). Siehe „Gewaltenteilung".

- **Jugendamt (das), -ämter**
die Jugend + das Amt

Das J. berät Eltern bei Erziehungsproblemen. Es kann ein Kind, das geschlagen wird oder hungern muss, aus der Familie nehmen. Elterliche Gewalt gegen Kinder ist in Deutschland verboten.

- **Jugendfreiwilligendienst (der), -e**
die Jugend + freiwillig (Adj.) + der Dienst

Viele Jugendliche machen nach der Schule und bevor sie eine Berufsausbildung anfangen ein Freiwilliges Ökologisches Jahr (= FÖJ) oder ein Freiwilliges Soziales Jahr (= FSJ). Sie können so den eigenen Horizont erweitern und im Arbeitsalltag Erfahrungen sammeln. Die Dienste werden vom Bund gefördert. Die Jugendlichen dürfen nicht älter als 27 Jahre alt sein. Sie können in sozialen Einrichtungen tätig werden, z.B. in Kindergärten, in Sportvereinen oder kulturellen Einrichtungen, im Natur- und Umweltschutz oder im Zivil- und Katastrophenschutz.
Wer ins Ausland gehen möchte, kann sich beim Internationalen Jugendfreiwilligendienst (IJFD) bewerben.
Der Bundesfreiwilligendienst (BFD, Bundesfreiwillige = Bufdis) engagiert sich für das Allgemeinwohl und ist auch für ältere Bürgerinnen und Bürger offen (siehe „BFD").

- **Jugendschutzgesetz (das)**
die Jugend + der Schutz + das Gesetz

Das J. wurde zum Schutz der Jugend gemacht. Es regelt das Alter für den Konsum von Alkohol und Zigaretten, den Besuch von Discos und Kinos.

- **Jugendzentrum (das), -zentren**
  die Jugend + das Zentrum

  Ein J. bietet Jugendlichen Möglichkeiten für die Freizeit.
  > Ein J. ist ein offenes Haus für Theatergruppen, Medienwerkstatt, Angebote für Kinder, Tanzkurse, Ferienprogramme usw.

- **Justiz (die)**

  = alle Einrichtungen, die mit der Rechtsprechung zu tun haben.

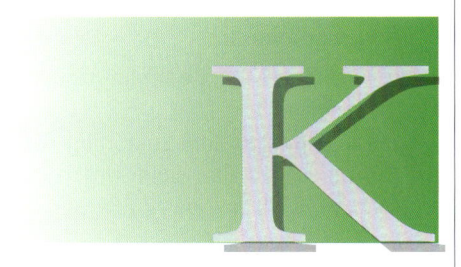

- **Kalter Krieg**
  kalt + der Krieg ; (!) der Kalte Krieg / ein Kalter Krieg

  Der Kalte Krieg dauerte von 1947 (Truman-Doktrin gegen den Kommunismus) bis 1989 (Fall der Berliner Mauer). Damit wird der Konflikt zwischen den Westmächten unter Führung der USA und dem sogenannten Ostblock unter der Führung der Sowjetunion bezeichnet. Deutlich zeigte sich die Krise im geteilten Deutschland: z.B. Berlin-Blockade, Bau der Berliner Mauer.

- **Kandidat (der), -en**
  Verb: kandidieren, er/sie kandidiert, kandidierte, hat kandidiert

  Beispiel: Wie viele Kandidaten gibt es für diesen Job?

- **Kapitulation (die)**
  Verb: kapitulieren, er/sie kapituliert, kapitulierte, hat kapituliert

  > Das Aufgeben von Widerstand und der Vertrag über die K. Beispiel: die bedingungslose Kapitulation. Der Zweite Weltkrieg wurde mit der bedingungslosen Kapitulation der Wehrmacht am 7. Mai 1945 beendet.

- **Karneval (der)**

  K. feiert man im Rheinland (Köln, Mainz, Düsseldorf). Im Schwäbisch-Alemannischen heißen die Feste Fastnacht, in Bayern Fasching. Es sind die 40 Tage vor dem Beginn des Fastens am Aschermittwoch bis Ostern.

- **Kiez (der), -e**

  Ein K. ist ein Wohn- oder Stadtviertel mit eigener Atmosphäre. Berliner Kieze sind etwas ursprünglicher, oft etwas ärmer, aber ein Ort, mit dem sich die Bewohner identifizieren. Der Hamburger K. dagegen ist das Vergnügungsviertel im Stadtteil St. Pauli um die Reeperbahn.

- **Kinderbetreuung (die)**
  die Kinder (Pl.) + die Betreuung

  Wenn Eltern arbeiten gehen, gibt es verschiedene Möglichkeiten der K. Kinder unter 3 Jahren können in die Kita (= Krippe), Kinder ab 3 Jahren in den Kindergarten gehen. Mit 6 oder 7 Jahren gehen Kinder in die Schule. Es gibt Ganztagsschulen und Horte für die Zeit nach der Schule.

- **Kindergarten (der), -gärten**
  die Kinder (Pl.) + der Garten; oft auch: die Kindertagesstätte, -n, Abkürzung: Kita; für Kleinstkinder: die Krippe/Kinderkrippe, -n

  Die Eltern/Erziehungsberechtigten entscheiden, ob ein Kind in den Kindergarten geht.
  > Kinder ab drei Jahren bis zur Einschulung haben ein Recht auf einen Kindergartenplatz. Dort gibt es oft auch Sprachförderung. Beim gemeinsamen Spielen lernen die ausländischen Kinder die deutsche Sprache und bereiten sich auf die Schule vor. Ausgebildete Erzieher oder Erzieherinnen kümmern sich um die emotionale, intellektuelle und sprachliche Entwicklung der Kinder.

- **Kindergeld (das)**
  die Kinder (Pl.) + das Geld

Wer ein Kind oder Kinder hat, bekommt Kindergeld. Man muss in Deutschland, einem Land der EU, in Norwegen, Liechtenstein oder in der Schweiz leben.
  Berechtigt sind auch Stiefkinder, Enkelkinder oder Pflegekinder. K. bekommt im Allgemeinen ein Elternteil.

- **Kirche (die), -n**

K. steht für die Institution des Christentums und auch das kirchliche Bauwerk.
  Das Christentum hat verschiedene Konfessionen = verschiedene Kirchen: die Ostkirchen, die katholischen Kirchen, die anglikanischen Kirchen, die evangelischen Kirchen, die apostolischen Kirchen und Religionsgemeinschaften.

- **Kirchensteuer (die)**
  die Kirche + die Steuer

Wer in der römisch-katholischen Kirche oder in der evangelischen Kirche Mitglied ist, zahlt K. Die Kirchen finanzieren sich mit der K. und mit Zahlungen des Staats.
  Der Staat nimmt die K. ein und gibt sie an die Kirchen weiter. Sie wird zusammen mit der Lohnsteuer vom Lohn abgezogen.

- **Kita (die), -s**

Siehe „Kindergarten".

- **Klima (das)**

Auf der Erde gibt es verschiedene Klimazonen: Deutschland liegt in einer gemäßigten Klimazone.
  Die globale Erwärmung bezeichnet man als Klimawandel.

- **Koalition (die), -en**

Zwei oder mehr Parteien zusammen können eine Koalition im Parlament und dann eine Regierung bilden.

Eine Große Koalition wird von den zwei größten Parteien gebildet, in Deutschland meist von CDU/CSU und SPD.

- **Kollege (der), -n / Kollegin (die), -nen**

= Jemand, mit dem man in einer Firma zusammenarbeitet. Beispiel: Meine Kollegen haben mir zum Geburtstag einen großen Blumenstrauß geschenkt.

- **Kommune (die), -n**
  Adj.: kommunal

= die Gemeinde. Unterste administrative Verwaltungsgliederung.
  Die Kommunen sind zuständig für soziale Aufgaben, für das Meldewesen, für Wasser, Gas, Müll und das Bauwesen.

- **Konferenz von Jalta (die)**

auch: Krim-Konferenz. Als das Ende des Zweiten Weltkriegs bevorstand, trafen sich die alliierten Staatschefs im Februar 1945 in dem auf der Krim gelegenen Jalta (UdSSR): Josef Stalin (UdSSR), Franklin D. Roosevelt (USA), Winston Churchill (Vereinigtes Königreich). Themen waren die schnelle Beendigung des Krieges, Aufteilung Deutschlands in vier Besatzungszonen und Entmilitarisierung. Daraus resultierten auch die Aufteilung in Ost und West und die Entstehung des „Eisernen Vorhangs".

- **konfessionslos (Adj.)**
  Ohne Zugehörigkeit zu einer Konfession. Siehe „Kirche".

- **Konkurrenz (die)**
  Verb: konkurrieren, er/sie konkurriert, konkurrierte, hat konkurriert

Wenn zwei Firmen das gleiche Produkt verkaufen, konkurrieren sie miteinander. Sie machen sich Konkurrenz.

- **konservativ (Adj.)**

  Für konservative Menschen sind Werte wie „Familie", „Heimat", „Religion" besonders wichtig. Für viele verläuft die Entwicklung zu schnell. Sie sind skeptisch gegenüber Reformen und den schnellen Fortschritt in Technik und Kommunikation.

- **Kontingentflüchtling (der), -e**

  das Kontingent + der Flüchtling

  K. sind Flüchtlinge, die in einer bestimmten Zahl (= Kontingent) aus Krisengebieten in ein Land einwandern dürfen. Nach Deutschland wanderten in den 1990er-Jahren und Anfang der 2000er-Jahre jüdische Kontingentflüchtlinge vor allem aus Russland ein. Viele blieben in Berlin.

- **Konto (das), Konten**

  Jeder Bürger hat ein Recht auf ein K. Beispiel: Der Lohn wird auf das Konto überwiesen.

- **kontrollieren**

  er/sie kontrolliert, kontrollierte, hat kontrolliert. Nomen: die Kontrolle, -n

  Beispiel: Der Zoll kontrolliert an den Grenzen.

- **Konzentrationslager (das), -**

  (kurz: KZ) In der Zeit des Nationalsozialismus Begriff für die Arbeits- und Vernichtungslager. Die Lager, die im Deutschen Reich und in den im Zweiten Weltkrieg besetzten Gebieten eingerichtet wurden, sind ein wesentliches Element der Unmenschlichkeit und der Unrechtsherrschaft des NS-Regimes. Millionen Menschen wurden ermordet, darunter sechs Millionen Juden, Sinti und Roma, Homosexuelle, geistig Behinderte und andere Verfolgte.

  Der 27. Januar ist der Tag des Gedenkens an die Opfer des Nationalsozialismus. Es ist der Tag der Befreiung des Vernichtungslagers Auschwitz-Birkenau durch die Rote Armee. Die Vereinten Nationen erklärten den 27. Januar im Jahr 2005 zum Internationalen Tag des Gedenkens an die Opfer des Holocausts.

- **Krankengeld (das)**

  die Kranken (Pl.) + das Geld

  Wer krank ist, wird vom Arzt krankgeschrieben. Dann bekommt er noch sechs Wochen seinen Lohn. Anschließend zahlt die Krankenkasse das Krankengeld, das deutlich niedriger ist.

- **Krankenversicherung (die)**

  die Kranken (Pl.) + die Versicherung

  Die K. ist gesetzlich. Sie ist Pflicht. In die K. zahlen Arbeitgeber und Arbeitnehmer. Das Geld geht an die verschiedenen Krankenkassen.

  Es gibt die gesetzliche Krankenversicherung (für alle Arbeitnehmer bis zu einem bestimmten Gehalt) und die private Krankenversicherung (für Arbeitnehmer mit höherem Gehalt). Wer krank wird oder einen Unfall hat, bekommt Geld aus der K. Ihr Prinzip ist die Solidarität. Alle zahlen ein für die, die krank werden.

  Die K. entstand schon im 19. Jahrhundert. Sie galt am Anfang nur für Arbeiter mit wenig Lohn. Heute ist die Trennung in gesetzliche und private Krankenversicherung umstritten (Vorwurf der Zweiklassengesellschaft).

- **Kreditkarte (die), -n**

  der Kredit + die Karte

  Karte, mit der man bargeldlos bezahlen kann.

- **Kreis (der), -e / Landkreis (der), -e**

  Die Verwaltungsstruktur des Staates von unten nach oben: Gemeinden und kreisfreie Städte, Landkreise, Bundesländer und Stadtstaaten, der Bund.

  In einem K. sind mehrere Gemeinden zusammengefasst. Der Kreis übernimmt übergeordnete Aufgaben, z.B. den Bau von Kreiskrankenhäusern.

- **Kreistagswahl (die)**
  der Kreistag + die Wahl

  Siehe „Wahl".

- **Krieg (der), -e**
  Nomen: der Bürgerkrieg,-e; Adj.: kriegerisch

  Beispiel: Hattet ihr den Zweiten Weltkrieg in der Schule?

- **Kriegs- und Bürgerkriegsflüchtling (der), -e**
  der Krieg / der Bürgerkrieg + der Flüchtling

  Person, die vor Krieg zwischen Staaten oder Konflikten im Heimatland flüchtet. Personen, denen die Todesstrafe, Folter und unmenschliche Behandlung droht, sind subsidiär für maximal drei Jahre schutzberechtigt. Der Aufenthalt wird nicht erlaubt, wenn die Ausreise in einen anderen Staat möglich ist oder wenn Straftaten oder eine Gefahr für die Allgemeinheit vorliegen.

- **Krippe (die), -n**

  Siehe „Kindergarten".

- **Kündigung (die), -en**
  Verb: kündigen, er/sie kündigt, kündigte, hat gekündigt; er/sie wird/wurde gekündigt, ist gekündigt worden

  Wer sein Arbeitsverhältnis beenden möchte, muss kündigen. Er muss die Kündigungsfrist beachten. Es ist besser, selbst zu kündigen, als gekündigt zu werden.

- **Kündigungsschutz (der)**
  die Kündigung + der Schutz

  Alle Arbeitnehmer, in Vollzeit- oder Teilzeitarbeit, sind geschützt, wenn sie mindestens 6 Monate in demselben Betrieb gearbeitet haben. Im K. ist geregelt, wann gekündigt werden darf, z.B. aus betrieblichen Gründen oder aus Gründen, die vom Verhalten des Arbeitnehmers verursacht sind. Besonderen K. haben Schwangere, Mütter und Väter in Elternzeit, Schwerbehinderte, Betriebsratsmitglieder und Auszubildende.

- **Kunst (die)**
  Personen: der Künstler, - / die Künstlerin, -nen; Adj.: künstlerisch

  Es gab die klassische Einteilung der K. in Bildende Kunst (Malerei, Bildhauerei, Architektur), Musik, Literatur, Darstellende Kunst (Theater, Tanz, Film). Seit dem 20. Jahrhundert sind neue Darstellungsformen dazugekommen: die Fotografie, die Comics, die Installation, die Performance, die Medienkunst usw.

- **Küste (die), -n**

  = Land am Rand des Meeres, z.B. die Küste Schleswig-Holsteins.

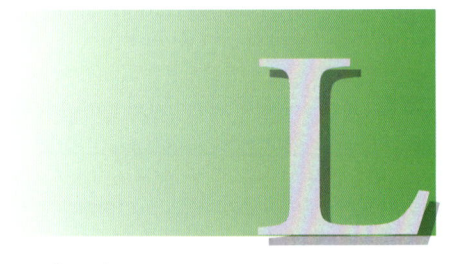

- **Land (das), Länder**

  1. = Deutschland; 2. = das Bundesland (z.B. Sachsen).

- **Landesregierung (die), -en**
  das Land + die Regierung

  = Regierung in einem Bundesland.

- **Landkreis (der), -e**
  Siehe „Kreis".

- **Landrat (der), -räte / Landrätin (die), -nen**
  Oberster Beamter / Oberste Beamtin eines Landkreises in einem Landratsamt.

- **Landtag (der), -e**
  = Parlament eines Bundeslandes. Der Landtag wählt den Ministerpräsidenten / die Ministerpräsidentin eines Bundeslandes.

- **Landtagswahl (die)**
  der Landtag + die Wahl
  Siehe „Wahl".

- **Lebensmittelkarte (die), -n**
  die Lebensmittel (Pl.) + die Karte
  Mit Lebensmittelkarten können Menschen bestimmte Lebensmittel in einer bestimmten Menge kaufen. Sie werden eingeführt in Zeiten des Mangels. Solche Karten wurden z.B. nach dem Zweiten Weltkrieg von den Alliierten Besatzungsmächten verteilt.

- **Lebenspartnerschaft (die)**
  das Leben + die Partnerschaft
  Das Gesetz über die Eingetragene Lebenspartnerschaft ermöglichte es ab dem Jahr 2001 Personen gleichen Geschlechts eine Beziehung einzugehen, die einen eheähnlichen gesetzlichen Rahmen hat. 2017 wurde das Recht auf Eheschließung eingeführt, „Ehe für alle" genannt. Die Lebenspartnerschaft kann in eine Ehe umgewandelt werden. Siehe „Ehe" und „Partnerschaft".

- **Legislative (die)**
  = die gesetzgebende Gewalt (der Bundestag, der Bundesrat und die Länderparlamente).
  Siehe „Gewaltenteilung".
  Die Bundesregierung schlägt die Gesetze vor. Der Bundestag diskutiert und nimmt das Gesetz an oder nicht. Über wichtige Gesetze stimmt auch der Bundesrat ab. Zum Schluss prüft der Bundespräsident, ob das Gesetz der Verfassung entspricht. Wenn er unterschrieben hat, wird das Gesetz meist öffentlich.

- **Lehre (die)**
  Personen: der Lehrling, -e (= der Azubi, -s)
  Beispiel: Jakob hat zuerst eine Lehre gemacht und hat dann angefangen zu studieren.

- **Leitkultur (die)**
  leiten + die Kultur
  Leitkultur ist ein Reizwort in der Diskussion um Werte und unterschiedliche gesellschaftliche Grundsätze. Es wurde gefragt, ob sich die Menschen in Deutschland bestimmten Werten verpflichtet fühlen sollten. Das Wort von der „deutschen Leitkultur" wurde debattiert und blieb diffus und problematisch. Deutschland ist längst ein Einwanderungsland, in dem viele Kulturen nebeneinander leben und sich arrangieren. Wer die Unterschiede als Vorteile begreift, ist interessiert an der Lösung von Problemen.
  Allgemeiner Konsens ist aber auch, dass von Einwanderern die Kenntnis der deutschen Sprache erwartet werden muss. Sie ist Voraussetzung für eine erfolgreiche Integration, denn Kommunikation ist die Basis des gesellschaftlichen Lebens.

- **Lohn (der), Löhne**
  = das Arbeitsentgelt, der Verdienst oder das Gehalt. Der L. ist die Bezahlung für geleistete Arbeit durch den Arbeitgeber. Die Höhe ist im Arbeitsvertrag festgelegt. Angestellten werden die Sozialabgaben und Steuern sofort abgezogen (Nettogehalt). Selbstständige müssen keine Sozialabgaben zahlen und sind weitgehend selbst für sich verantwortlich.

- **Lohngerechtigkeit (die)**
  der Lohn + die Gerechtigkeit

  L. meint den Anspruch auf gleichen Lohn bei gleicher oder gleichwertiger Arbeit. Frauen verdienen jedoch bis zu einem Fünftel weniger als ihre männlichen Kollegen. 2017 ist ein Gesetz in Kraft getreten, das einen wichtigen Schritt zu mehr L. und mehr Gleichstellung machen soll. Beschäftigte erhalten das Recht zu erfahren, wie sie im Vergleich zu anderen bezahlt werden, die die gleiche oder gleichwertige Arbeit verrichten. Arbeitgeber in Betrieben mit mehr als 200 Beschäftigten müssen unterbestimmten Bedingungen die Kriterien der Bezahlung offenlegen.

- **Lohnsteuer (die)**
  der Lohn + die Steuer

  Steuer, die auf den Lohn von Arbeitnehmern erhoben wird. Der Arbeitgeber führt die L. automatisch an das Finanzamt ab.

- **Luftbrücke (die)**
  die Luft + die Brücke

  Die Sowjetunion unterbrach alle Landwege nach Berlin, das in der sowjetischen Besatzungszone lag: „Berlin-Blockade". Die Briten und Amerikaner brachten vom Juni 1948 bis Mai 1949 Lebensmittel, Kohle, Benzin mit Flugzeugen nach Westberlin: die „Luftbrücke". Die Blockade brachte Nachteile für die SBZ (= Sowjetische Besatzungszone), die Sowjetunion gab schließlich die Verkehrswege wieder frei.

- **Luther, Martin (1483-1546)**

  L. lebte in Sachsen-Anhalt. Er wollte die katholische Kirche reformieren und veröffentlichte Thesen gegen die Kirche. Sie sind der Beginn der Reformation und der evangelischen Konfession, die sich schnell verbreitete. Auf der Wartburg in Thüringen übersetzte er die Bibel ins Deutsche. Jeder sollte sie verstehen. Dort kann man heute noch die Lutherstube besichtigen.

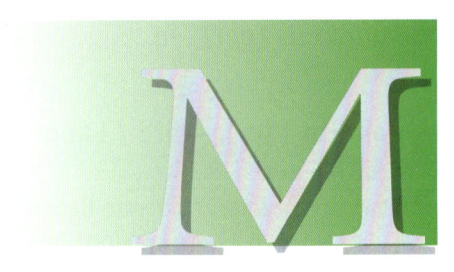

- **Machtergreifung (die)**

  Die Ernennung Adolf Hitlers zum Reichskanzler am 30. Januar 1933 durch den Reichspräsidenten Paul von Hindenburg wird M. genannt. Danach wurden die politischen und demokratischen Rechte immer stärker eingeschränkt. Das war der Weg in die Diktatur.

- **Marktwirtschaft (die) / Soziale Marktwirtschaft (die)**
  sozial (Adj.) + der Markt + die Wirtschaft

  Die M. steht im Gegensatz zur Planwirtschaft. Prinzip der Marktwirtschaft ist der Wettbewerb, ihr Motor sind Wachstum und Gewinn. Für die Unternehmen gibt es den freien Markt. Sie können unabhängig handeln. Die S.M. ist die Wirtschaftsordnung in Deutschland. Sie ist eine Balance zwischen den Gesetzen des Marktes und der Korrektur durch den Staat. Der Staat nimmt Steuern ein. Er hilft sozial Schwachen, Kranken und Menschen in Not (Fürsorgepflicht) und finanziert die Kosten des Haushalts mit Steuern.

  In der Sozialen Marktwirtshaft sorgt der Staat für den sozialen Ausgleich. Er greift ein in den Bereichen Gesundheit, Wohnen, Verkehr, Erziehung, Rechtspflege, Bildung, Forschung und Entwicklung. Wesentliches Element der S. M. ist die Tarifpartnerschaft von Gewerkschaften und Unternehmerverbänden (siehe „Tarifvertrag").

- **Marshallplan (der)**

  Der M., das European Recovery Program, war ein großes Wirtschaftsprogramm der USA für Westeuropa nach dem Zweiten Weltkrieg.

Er dauerte vier Jahre bis 1952. George C. Marshall war der amerikanische Außenminister. Man war sich einig, dass sich eine Krise wie nach dem Ersten Weltkrieg nicht wiederholen dürfe. Der M. war der Beginn des „Wirtschaftswunders" in Westdeutschland.

• Mehrheit (die)

= die meisten. Beispiel: Die Mehrheit stimmte für das Gesetz.

• Mehrheitswahlrecht (das)
die Mehrheit + die Wahl + das Recht

M. bedeutet, dass derjenige gewählt ist, der die meisten Stimmen in einem Wahlkreis bekommen hat. Andere Stimmen fallen dann unter den Tisch. Deutschland hat bei der Wahl zum Bundestag eine Mischung aus Mehrheitswahlrecht (Wahl des Direktkandidaten) und Verhältniswahlrecht (Wahl einer Partei).

• Mehrwertsteuer (die)
der Mehrwert + die Steuer

= umgangssprachlich für Umsatzsteuer. Die M. ist eine Steuer, die jeder bezahlt, der etwas kauft. Sie geht an den Staat.

Der Verbraucher zahlt die M., die bei der Kaufsumme hinzukommt oder im Endpreis schon enthalten ist. Die M. geht zum Unternehmen, das ein bestimmtes Produkt hergestellt oder eine Dienstleistung erbracht hat, und geht von dort an das Finanzamt. Sie ist eine wichtige Einnahmequelle des Staates.

• Meinung (die), -en

seine Meinung äußern, die freie Meinungsäußerung. Siehe „Rechte". Beispiel: Sag ruhig deine Meinung!

• Meinungs/Pressefreiheit (die)
die Meinung / die Presse + die Freiheit

Die M. ist im Grundgesetz garantiert. Grundgesetz Artikel 5 sagt: „(1) Jeder hat das Recht, seine Meinung in Wort, Schrift und Bild frei zu äußern und zu verbreiten und sich aus allgemein zugänglichen Quellen ungehindert zu unterrichten. Die Pressefreiheit und die Freiheit der Berichterstattung durch Rundfunk und Film werden gewährleistet. Eine Zensur findet nicht statt."
Jeder kann frei seine Meinung sagen: mündlich und schriftlich, z.B. in Leserbriefen oder bei der Sammlung von Unterschriften. Er kann auch die Regierung kritisieren.
Es gibt Grenzen der M.: z.B. die öffentliche Verbreitung falscher Behauptungen über bestimmte Personen.

• Meister (der), -
Siehe „Handwerker".

• Meldebehörde (die), -n
sich melden + die Behörde

Wer umzieht oder neu in einer Stadt ist, muss sich bei der M. anmelden. Siehe „Einwohnermeldeamt".

• Menschenrechte (die) (Pl.)

M. gelten für alle Menschen, unabhängig von dem Staat, in dem sie leben.

• Menschenwürde (die)
Siehe „Grundrechte".

• Mieterverein (der)
die Mieter (Pl.) + der Verein; Verb:
mieten, er/sie mietet, mietete,
hat gemietet; Nomen: die Miete, -n;
Personen: der Mieter/Vermieter, -

Wer Mitglied in einem M. ist, bekommt Hilfe und Beratung bei Problemen mit der Mietwohnung, z.B. bei einer Mieterhöhung.

• Mietvertrag (der), -verträge
die Miete + der Vertrag

Im M. steht die Höhe der Miete und der Nebenkosten. Die Miete ist die Kaltmiete; die Nebenkosten sind Heizung und Warmwasser, Strom, Wasser, Hausmeister, Garage, Versicherungen usw.

> Meist zahlen Mieter eine Mietkaution, die höchsten drei Kaltmieten betragen darf. Wenn der Mieter schuldenfrei auszieht, bekommt er die Kaution mit Zinsen zurück. Im M. steht auch die Kündigungsfrist und ob man renovieren muss, wenn man wieder auszieht. Teil des Mietvertrags ist die Hausordnung.

- **Migrant (der), -en / Migrantin (die), -nen**

> Migranten haben ihre Heimat verlassen und wohnen an anderen Orten. Wenn sie über Ländergrenzen einwandern, werden sie Einwanderer oder Immigranten genannt. Wenn sie auswandern, heißen sie Auswanderer. Viele Millionen Menschen leben heute weltweit in einem Staat, der nicht ihre Heimat ist.

- **Migration (die)**

M. ist Einwanderung nach Deutschland und Auswanderung aus Deutschland.

Einwanderung: Schon im 17. Und 18. Jahrhundert kamen Menschen nach Deutschland. Französische Hugenotten verließen aus religiösen Gründen Frankreich und siedelten sich in Brandenburg an. Im 19. Jahrhundert waren es dann Polen, die vor allem ins Ruhegebiet kamen und im Bergbau arbeiteten. Nach dem Zweiten Weltkrieg waren es Deutsche, die aus den Gebieten östlich der Oder, der neuen Ostgrenze vertrieben wurden und nach Deutschland flüchteten.

Zu einem echten Einwanderungsland wurde die Bundesrepublik Deutschland dann in den 1960er-Jahren. Die Wirtschaft brauchte Arbeitskräfte und man holte „Gastarbeiter" aus Italien, dann aus Spanien, dem damaligen Jugoslawien und Griechenland ins Land. Zuletzt kamen Türken, heute die größte Gruppe. Sie blieben zum großen Teil im Land, auch ihre Kinder und Enkel. Auch in der DDR gab es Gastarbeiter. Sie hießen Vertragsarbeiter und kamen aus Vietnam, Kuba, Mosambik und Angola, integrierten sich aber kaum. In der DDR waren sie nicht willkommen.

In den 1990er-Jahren kamen die Spätaussiedler aus Polen, Rumänien und den ehemaligen Staaten der Sowjetunion in die Bundesrepublik. Es waren ehemalige Deutsche, die vor dem 20. Jahrhundert ausgewandert waren. Sogenannte Kontingentflüchtlinge waren Menschen jüdischer Herkunft, die vor allem aus Russland kamen.

Die stärkste Einwanderung gibt es seit 2015. Allein im Jahr 2015 kamen fast eine Million Menschen aus Afghanistan, dem Irak und aus afrikanischen Staaten nach Deutschland und baten um Asyl. Es gab viel Hilfsbereitschaft. Die Integration bietet Chancen, aber auch die Probleme sind größer geworden. Rechte Gruppierungen sind stärker geworden.

> Auswanderung: In den letzten zwei Jahrhunderten waren auch die Deutschen politische Flüchtlinge. Nach dem Sieg über Napoleon und der gescheiterten Revolution 1848 verließen eine Million Deutsche das Land. Die zweite große Auswanderungswelle war 1881 bis 1890, als 1,3 Millionen Deutsche das Deutsche Reich in Richtung USA verließen. Auch heute verlassen Menschen das Land: Deutsche wandern aus, nichtanerkannte Asylbewerber verlassen Deutschland wieder.

- **Migrationsberatung (die)**
  <u>die Migration + die Beratung</u>

Die M. gibt es seit 2005. Besonders die Verbände der Freien Wohlfahrtspflege sind für die M. zuständig. Ergänzend zum Integrationskurs beraten sie erwachsene und junge Migranten. Ziel ist die Selbstständigkeit der Zuwanderer.

- **Minderheit (die), -en**

Eine M. Ist eine Gruppe in der Bevölkerung, die sich von der Gesamtheit unterscheidet. Es gibt u.a. sprachliche, kulturelle, ethnische und religiöse Minderheiten. Sie stehen unter dem Schutz des Staates.

Die Europäische Charta der Regional- und Minderheitensprachen ist ein Abkommen des Europarats. Regional- und Minderheitensprachen gehören zum Kulturerbe Europas, das es zu schützen gilt. Anerkannte Minderheiten in Deutschland sind Dänen in Schleswig-Holstein, Friesen an der Nordseeküste (Sprache Friesisch), Sorben in Brandenburg und Sachsen (Sprache Sorbisch), Sinti und Roma (Sprache Romani/Romanes).

- **Mindestlohn (der)**

    Der M. ist der niedrigste rechtlich erlaubte Lohn. Ein Gesetz oder ein Tarifvertrag bestimmt die Höhe des Mindestlohns.
    Er soll Lohndumping verhindern und wird regelmäßig kontrolliert und angepasst, d.h. erhöht. In Deutschland gibt es den Mindestlohn seit dem 1. Januar 2015.

- **Minijob (der), -s**

    auch: geringfügige Beschäftigung. Es ist eine Arbeit mit festgelegtem Zeitumfang und geringem Lohn. Der Arbeitgeber zahlt die Krankenversicherung und die Rentenversicherung, aber keine Arbeitslosenversicherung.

- **Minister (der), - / Ministerin (die), -nen**

    Ein Minister / Eine Ministerin leitet ein Bundesministerium. Zusammen mit dem Bundeskanzler bilden die Minister die Bundesregierung.
    Der Bundeskanzler / Die Bundeskanzlerin bestimmt die Ministerinnen und Minister. Er/Sie macht dem Bundespräsidenten einen verbindlichen Vorschlag für ihre Ernennung oder Entlassung. Minister müssen ihren Beruf ruhen lassen, d.h. sie dürfen ihn nicht aktiv ausüben.
    In den 1990er-Jahren wurde die Amtsbezeichnung „Ministerin" eingeführt. Bis dahin gab es nur die männliche Bezeichnung.

- **Ministerium (das), Ministerien**

    Die Minister der Bundesregierung leiten die Bundesministerien.
    In den Bundesländern heißen die Ministerien Landesministerien und Staatsministerien, in Hamburg Behörden und in Berlin Senatsverwaltungen.

- **Ministerpräsident (der), -en / Ministerpräsidentin (die), -nen**

    der Minister + der Präsident / die Präsidentin

    Regierungschef/in einem Bundesland. Er/Sie wird vom Landesparlament gewählt. Er/Sie vertritt das Bundesland im Bundesrat. In Berlin: Regierender Bürgermeister, in Hamburg: Erster Bürgermeister, in Bremen: Bürgermeister.

- **Mitbestimmung (die)**

    Die betriebliche M. ist für die private Wirtschaft im Betriebsverfassungsgesetz von 1972 geregelt. Die Arbeitnehmer wählen einen Betriebsrat, der ihre Interessen gegenüber dem Arbeitgeber vertritt. Siehe „Betriebsrat".
    In Unternehmen mit mehr als 2000 Beschäftigten regelt das Mitbestimmungsgesetz von 1976 die Beteiligung. Es bestimmt, dass im Aufsichtsrat Vertreter der Anteilseigner und der Arbeitnehmer sitzen. Die Arbeitnehmersitze sind auf Arbeiter, Angestellte und leitende Angestellte entsprechend der Zusammensetzung der Belegschaft verteilt.

- **Mitbürger (der), - / Mitbürgerin (die), -nen**

    = Person im gleichen Staat, in der gleichen Stadt, im gleichen Ort. Beispiel: Ansprache mit „Liebe Mitbürgerinnen und Mitbürger".

- **Mitglied (das), -er**

    Z.B. M. einer Partei, M. eines Vereins, einer Kirche. Beispiel: Ingo ist M. im Fußballverein FC Bayern.

- **Mitsprache (die)**
= Beteiligung an bestimmten Entscheidungen.

- **Mitteldeutschland (das)**
Eine der Bezeichnungen in der alten Bundesrepublik für die DDR in den 1960er-Jahren. Der Mitteldeutsche Rundfunk benutzt den Begriff noch heute, um das Sendegebiet Sachsen, Sachsen-Anhalt und Thüringen zusammenzufassen.

- **Mogelpackung (die), -en**
mogeln + die Packung
Beispiel: Herr Lehmann entdeckt, dass eine Packung Müsli plötzlich teurer geworden ist, aber nicht mehr wiegt. Die Packung außen ist identisch. Es ist eine M.

- **Montagsdemonstration (die), -en**
der Montag + die Demonstration
Die Montagsdemonstrationen der friedlichen Revolution in der DDR 1989 in Leipzig und anderen Städten waren Massendemonstrationen gegen das politische System. Mit dem Ruf „Wir sind das Volk" meldeten sich die DDR-Bürger zu Wort. Die Demonstrationen jeden Montag der Woche führten zum Ende der totalitären Diktatur in der DDR und zur Wiedervereinigung.
Ab 1982 organisierte Christian Führer, Pfarrer in der Nikolaikirche in Leipzig, Friedensgebete. Im Herbst 1989 wurde die Kirche zum Ausgangspunkt der gewaltfreien Montagsdemonstrationen, die wesentlich zum Zusammenbruch der DDR beigetragen und zum Fall der Berliner Mauer geführt haben. Pfarrer Führer wurde von der Stasi überwacht. In den folgenden Jahren richteten sich die Friedensgebete gegen sozialen Abbau, Neonazis oder gegen den Irak-Krieg.

- **Moschee (die), -n**
Eine M. ist ein Ort des islamischen Gebets und des Gemeindelebens. In Deutschland sind viele neue Moscheen mit Begegnungszentren entstanden, um Brücken für den interreligiösen Dialog zu bauen. Voraussetzung ist die Geltung des Grundgesetzes.

- **Mülltrennung (die)**
der Müll + die Trennung
M. ist das getrennte Sammeln und Entsorgen von Müll.
Müll oder Abfall wird sortiert und in verschiedene Tonnen geworfen. Es gibt Tonnen für Papier, für Gartenabfälle, für Restmüll, für Plastik usw. Die Tonnen haben verschiedene Farben. Ein Teil des Mülls wird wiederverwendet (= recycelt).

- **Museum (das), Museen**
Die über 6000 Museen in Deutschland sind gut besucht. Sie sind ein Ort der Begegnung mit Eventcharakter geworden. Man findet sie nicht nur in Städten, sondern über das ganze Land verteilt. Hier einige der bedeutendsten Museen: die Museumsinsel in Berlin mit dem Pergamon- und dem Bode-Museum, das Germanische Nationalmuseum in Nürnberg, das Römisch-Germanische Museum in Köln, das Auswanderer-Museum in Bremen, München mit der Neuen und der Alten Pinakothek und mit dem Deutschen Museum, dem größten technisch-wissenschaftlichen Museum der Welt. Nicht zu vergessen die vielen Spezialmuseen, z.B. zu Themen wie Weinbau, Fastnacht, Musikinstrumente usw.

- **Muslim (der), -e / Muslimin/(die), -nen oder Muslima (die), -s**
Adj.: muslimisch, z.B. die muslimische Frau/Bevölkerung = Person; aber: islamisch, z.B. islamische Länder = Religion.
= Angehöriger der islamischen Religionsgemeinschaft. Die Bezeichnung Moslem/Moslemin klingt veraltet und wird deshalb seltener gebraucht, Mohammedaner gar nicht mehr.

- **Mutterschutz (der)**
  die Mutter + der Schutz

Das Mutterschutzgesetz regelt den Schutz von Müttern am Arbeitsplatz.
Schwangere sollen vor Gefährdung der Gesundheit sowie Überforderung geschützt werden. Der M. dauert mindestens 14 Monate, davon 6 Wochen vor der Geburt. Der Arbeitgeber darf in dieser Zeit nicht kündigen. Mütter können anschließend Elternzeit nehmen, bis Ihr Kind drei Jahre alt ist. Danach können sie an ihren Arbeitsplatz zurückkehren.

- **Muttersprache (die), -n**
  die Mutter + die Sprache

= die Sprache, die man als Kind von den Eltern lernt.

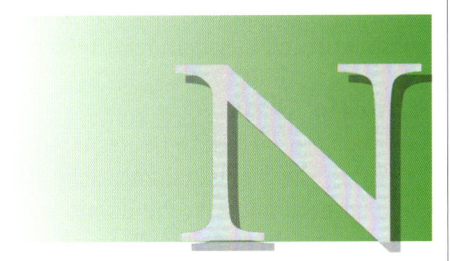

- **Nachbarland (das), -länder**
  der Nachbar + das Land

Deutschland hat neun Nachbarländer: Im Osten Polen und Tschechien, im Süden Österreich und die Schweiz, im Westen Frankreich, Luxemburg, Belgien und die Niederlande, im Norden Dänemark.

- **Nachtruhe (die)**
  die Nacht + die Ruhe

Die gesetzliche Nachtruhe dauert grundsätzlich von 22 Uhr bis 6 Uhr. (Bayerische Biergartenverordnung: Nachtruhe von 23 Uhr bis um 7 Uhr.) In Mietshäusern gilt zusätzlich die Hausordnung mit besonderen Regelungen.

- **Nationalfeiertag (der)**
  national (Adj.) + der Feiertag

Am 3. Oktober feiert man den „Tag der Deutschen Einheit" als N.

- **Nationalflagge (die)**
  national (Adj.) + die Flagge

Siehe „Staatssymbol".

- **Nationalhymne (die)**
  national (Adj.) + die Hymne

Siehe „Staatssymbol".

- **Nationalsozialismus (der)**
  Adj.: nationalsozialistisch; häufige Abkürzungen: Nazi; NS

Die Nationalsozialisten waren von 1933 bis 1945 an der Macht. Adolf Hitler wurde 1933 Reichskanzler und errichtete eine Diktatur in Deutschland („Machtergreifung"). Es gab keine freien Wahlen mehr, keine Pressefreiheit, keine Parteien außer der NSDAP Adolf Hitlers (= Nationalsozialistische Deutsche Arbeiterpartei); die Gewerkschaften waren verboten. Die sogenannte Gleichschaltung war die Diktatur mit nur einem Machtzentrum.
Eine Politik des staatlichen Rassismus kennzeichnete den NS-Staat. Die Nürnberger Gesetze legalisierten die Verfolgung der Juden. Die Diskriminierung und Verfolgung jüdischer Bürger seit 1933 gipfelte in einem Pogrom: Am 9. November 1938 zerstörten die Nationalsozialisten und ihre Anhänger Synagogen und jüdische Geschäfte (sogenannte „Reichspogromnacht" oder „Reichskristallnacht"). Auch politische Gegner kamen ins Gefängnis oder in Konzentrationslager. Dazu gehörten Kommunisten, kritische Theologen, Homosexuelle, Sinti und Roma, psychisch Kranke. Am 20. Juli 1944 misslingt das Bombenattentat auf Hitler (siehe „Stauffenberg"). 1945 werden die Konzentrationslager von den Alliierten befreit (siehe „Konzentrationslager" und „Nürnberger Prozess").

- **NATO (die)**

  (= North Atlantic Treaty Organization, Nordatlantikpakts oder Nordatlantisches Bündnis) Die NATO wurde 1949 in Washington von zehn westeuropäischen Staaten, den USA und Kanada gegründet. Als Bündnis der Verteidigung richtete sie sich gegen die Sowjetunion und den Warschauer Pakt. Die Bundesrepublik Deutschland wurde 1955 aufgenommen. Nach dem Zusammenbruch der Sowjetunion 1991 traten frühere Ostblockländer der NATO bei.

- **Nazi-Symbol (das), -e**

  Das Zeigen von Nazi-Symbolen, von Symbolen der neonazistischen Szene, z.B. das Hakenkreuz, ist verboten. Heutige Nazis verwenden Codes, Symbole oder eine bestimmte Kleidung. Rechtsradikale mit Nazi-Tätowierungen oder Hitlergruß machen sich der Volksverhetzung schuldig.

- **Nettogehalt (das)**

  netto + das Gehalt

  = Geld, das der Arbeitnehmer bekommt. Das N. ist das Bruttogehalt minus Lohnsteuer und Abgaben („Soli") sowie Sozialversicherungsbeiträge (Beiträge zur Krankenversicherung, zur Pflegeversicherung, zur Rentenversicherung, zur Arbeitslosenversicherung).

  Der „Soli" (umgangssprachlich) ist eine Solidaritätsabgabe, die für den Aufbau der östlichen Bundesländer gedacht war. Er soll abgebaut werden.

- **Neue Bundesländer (Pl.)**

  Nach der Wiedervereinigung wurden die neuen Bundesländer gebildet. Das sind: Mecklenburg-Vorpommern, Brandenburg, Sachsen, Sachsen-Anhalt, Thüringen.

  Die alten Länder wurden in der frühen DDR abgeschafft, es entstanden 15 Bezirke. Nach der Wiedervereinigung wurden die Länder mit dem Ländereinführungsgesetz 1990 wieder neu gegründet. Eigentlich ist Berlin Ost auch ein neues Bundesland.

- **Neunter November 1938; 9.11.1938**

  Die Diskriminierung und Verfolgung jüdischer Bürger seit 1933 gipfelte 1938 in einem Pogrom: In der Nacht zum 9. November 1938 zerstörten die Nationalsozialisten und ihre Anhänger Synagogen und jüdische Geschäfte (sogenannte „Reichskristallnacht").

  In West- und Ostdeutschland gab es unterschiedliche Erinnerungskulturen: Die DDR hob den antifaschistischen Widerstand hervor und erinnerte weniger an die Opfer. Die Bundesrepublik erinnerte an den Holocaust bis zum Ende der 1950er Jahre kaum. Erst in den 1960er-Jahren begann sich die Öffentlichkeit intensiv mit dem Nationalsozialismus und der Frage der Verantwortung auseinanderzusetzen.

- **NSDAP (die)**

  (= Nationalsozialistische Deutsche Arbeiterpartei) Sie ist die rechtsextremistische Partei des Nationalsozialismus. Ihr Programm war radikaler Antisemitismus, Nationalismus und die Ablehnung von Demokratie. Sie wurde 1920 in der Weimarer Republik gegründet, brachte Hitler an die Macht und führte in den Zweiten Weltkrieg.

- **NSU (der)**

  (= der Nationalsozialistische Untergrund") In den neunziger Jahren verübte eine rechtsextreme terroristische Vereinigung aus Jena (= NSU) Anschläge, Überfälle und eine Reihe von Morden an ausländischen Kleinunternehmern; die meisten waren Türken. Der Prozess dauerte viele Jahre. Die Rolle des Verfassungsschutzes blieb unklar.

- **Numerus clausus (der)**

  (= NC) NC bedeutet, dass nur eine bestimmte Zahl von Studenten für ein Fach zugelassen wird. Studenten mit schlechteren Abiturnoten müssen ein oder mehrere Semester warten.

- **Nürnberger Prozess (der)**

Der N. P. wurde gegen die Hauptkriegsverbrecher des Nationalsozialismus durchgeführt. Er fand von November 1945 bis Oktober 1946 vor dem internationalen Militärkriegsgericht in Nürnberg statt. Auf den Hauptprozess in Nürnberg folgten 12 weitere Prozesse gegen Juristen, Mediziner und Industrielle.

Der Schriftsteller und Beobachter der Prozesse, Erich Kästner, schrieb: „Jetzt sitzen also der Krieg, der Pogrom, der Menschenraub, der Mord en gros und die Folter auf der Anklagebank." 12 Angeklagte wurden zum Tode verurteilt und 7 zu langen Haftstrafen. Die Hauptschuldigen waren aber bereits tot.

Der N. fand im Schwurgerichtssaal 900 statt. Die Verurteilung erfolgte wegen des Angriffskriegs. Völkermord als Tatbestand wurde erst 1948 in der UN-Völkermordkonvention beschlossen. Die Prinzipien des Völkerrechts führten 2003 zur Gründung des Internationalen Strafgerichtshofs in Den Haag.

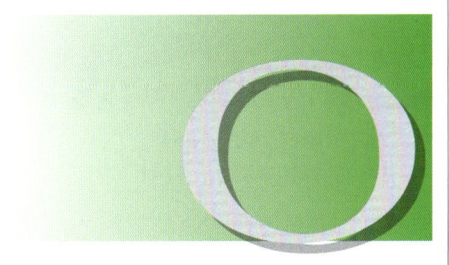

- **Obdachlose (der, die), -n**
Nomen: die Obdachlosigkeit, Adj.: obdachlos; (!) der Obdachlose / ein Obdachloser

Obdachlose sind Menschen ohne festen Wohnsitz, die in Parkanlagen, unter Brücken, in Bahnhöfen usw. übernachten. „Obdach" bedeutet Haus oder Unterkunft. Obdachlosen stehen in den Städten Notunterkünfte oder Einrichtungen der Wohnungslosenhilfe zur Verfügung. Da die meisten keine Krankenversicherung haben, gibt es in manchen Städten Obdachlosenpraxen für unbürokratische Hilfe. Gründe für Obdachlosigkeit können sein: Verlust der Arbeit, Scheidung, Schulden, Haftentlassung, psychische Probleme, Alkohol und Drogen, der Anstieg der Mieten u.a. Obdachlose können Geld für den Lebensunterhalt vom Staat bekommen; viele verzichten jedoch auf diese Unterstützung.

- **Oder-Neiße-Grenze (die)**

Die Oder und die Neiße sind Flüsse, die die Grenze zwischen Deutschland und Polen bilden. 1945 legten Großbritannien, die USA und die Sowjetunion diese Grenze bis zu einer endgültigen Regelung fest. Die Grenzfrage war lange ein Zankapfel zwischen der Bundesrepublik und Polen. Nach der Wiedervereinigung legte der Zwei- plus-Vier-Vertrag im Jahr 1990 die Außengrenzen und damit die Oder-Neiße-Linie fest als einen wesentlichen Bestandteil der Friedensordnung in Europa.

- **OECD (die)**

(= Organization for Economic Co-Operation and Development, Organisation für wirtschaftliche Zusammenarbeit und Entwicklung) Gründung: 1960, Sitz: Paris. Die OECD ist eine wichtige Organisation der westlichen Industriestaaten, der 35 Staaten (2016) angehören. Sie koordiniert die Wirtschafts-, Handels- und Entwicklungspolitik und berät bei allgemeinen wirtschaftlichen Problemen. Regelmäßig veröffentlicht sie Länderberichte über die wirtschaftliche Lage der Mitglieder und übt auch Kritik bei Fehlentwicklungen. Ziele sind: wirtschaftliche Entwicklung, auch in den Entwicklungsländern, hoher Beschäftigungsstandard, Geld- und Preisstabilität.

- **öffentlich-rechtlich (Adj.)**
Ö.-r. steht für Institutionen des öffentlichen Rechts, z.B. für den öffentlich-rechtlichen Rundfunk. Damit bezeichnet man die Hörfunk- und Fernsehprogramme wie auch die Organisation der öffentlich-rechtlichen Rundfunkanstalten. Für Hörfunk und Fernsehen sind die jeweiligen Bundesländer verantwortlich.
Bis in die 1980er-Jahre gab es nur die Öffentlich-Rechtlichen, dann wurden auch private Sender zugelassen. Seitdem gibt es das Nebeneinander der verschiedenen Rundfunkanstalten. Zu den Öffentlich-Rechtlichen gehören: der Bayerische Rundfunk, der Hessische Rundfunk, der Norddeutsche Rundfunk, Radio Bremen, der Saarländische Rundfunk, der Südwestrundfunk, der Rundfunk Berlin-Brandenburg, der Mitteldeutsche Rundfunk. Sie strahlen ein gemeinsames Fernsehprogramm aus: „Das Erste" unter dem Namen ARD (= Arbeitsgemeinschaft der öffentlich-rechtlichen Rundfunkanstalten Deutschlands, also BR, HR, NDR, RB, SR, SWF, RBB, MDR). Daneben produzieren diese Sender eigene regionale „Dritte Programme". Das ZDF, das „Zweite Deutsche Fernsehen", ist im Gegensatz zu den anderen Anstalten eine reine Fernsehanstalt.
Die öffentlich-rechtlichen Sender haben einen Bildungsauftrag: Sie sollen die kommunikative Grundversorgung der Bevölkerung sichern. Bildung, Kultur und Unterhaltung sollen in einem ausgewogenen Verhältnis zueinander stehen. Die Sender finanzieren sich aus dem Rundfunkbeitrag, den jeder Haushalt bezahlen muss, und der Werbung, die aber im Gegensatz zu den privaten Sendern auf wenige Sendezeiten vor 20 Uhr beschränkt ist.
In letzter Zeit wurden die Öffentlich-Rechtlichen von rechten Gruppierungen angegriffen. Sie fordern, den Rundfunkbeitrag abzuschaffen und den Rundfunk über Steuern oder individuell zu bezahlen. Dann aber besteht die Gefahr, dass Parteien oder Regierung und Interessengruppen auf die unabhängige Berichterstattung des Rundfunks Einfluss nehmen.

- **Ökologie (die)**
Adj.: ökologisch
Ö. ist eine Wissenschaft, die die Beziehung von Lebewesen zur Umwelt erforscht. Zum Beispiel das Ökosystem „Wald", in dem jedes Tier und jede Pflanze eine wichtige Aufgabe hat, damit das System funktioniert. Der ökologische Umweltschutz arbeitet dafür, das Gleichgewicht in der Natur wieder herzustellen und zu zeigen, wie wir mit unserer Umwelt umgehen müssen. Die Silbe Öko- will ausdrücken, dass jemand oder etwas auf Umweltschutz großen Wert legt, z.B. Ökostrom (aus erneuerbaren Energien), Ökofreak (jemand, der sehr umweltbewusst ist).

- **Oktoberfest (das)**
der Oktober + das Fest
Das O. in München, Wiesn genannt, ist das größte Volksfest der Welt. Es beginnt schon im September und dauert bis Anfang Oktober.
Über 30 riesige Zelte fassen mehr als 100 000 Gäste. Nur Münchner Traditionsbrauereien dürfen das berühmte Oktoberfestbier ausschenken. Ca. 80 Fahrgeschäfte bieten Attraktionen vom Looping bis zum Teufelsrad, die für Nervenkitzel sorgen. Jedes Jahr kommen 6 Millionen Besucher.

Das Fest schließt immer um 23 Uhr, damit die gute Stimmung nicht ausufert.
Das Oktoberfest geht auf ein historisches Ereignis zurück: auf die Vermählung des bayerischen Kronprinzen im Jahr 1810.

- **Opposition (die)**

Parteien im Parlament, die nicht zur Regierung gehören. Sie kontrollieren die Regierung.

- **Ordnungsamt (das), -ämter**
  die Ordnung + das Amt

Amt in einer Gemeinde, die für die öffentliche Sicherheit und Ordnung zuständig ist. Zum O. gehören u.a. der Lärmschutz, das Einwohnermeldeamt, das Gewerbeamt, die Kfz-Zulassung, die Ausländerbehörde.

- **Orientierungskurs, (der), -e**
  die Orientierung + der Kurs

Siehe „Integrationskurs".

- **Ossi (der),-s / der Wessi (der), -s**

Nach der Wende wurden die Bewohner umgangssprachlich „Ossis" (in ostdeutschen Ländern) und „Wessis" (in westdeutschen Ländern) genannt. Die Begriffe werden auch abwertend benutzt.

- **Ostblock (der)**

Politisches Schlagwort aus der Zeit des Ost-West-Konflikts. Bezeichnet die sozialistischen/kommunistischen Staaten Osteuropas und in Teilen Asiens unter dem Einfluss der Sowjetunion.

- **Ostdeutschland (das)**
  der Osten + Deutschland

Siehe „Neue Bundesländer".

- **Ostern (das)**

Ostern ist das wichtigste christliche Fest, das die Auferstehung Jesu Christi von den Toten feiert. Das Datum hängt vom Mondkalender ab und ist jedes Jahr unterschiedlich.
Es gibt verschiedene Bräuche zu O.: Kinder suchen bunt bemalte Ostereier und Süßigkeiten, die ein „Osterhase" versteckt hat. Bäume, Zweige und Brunnen werden mit bunten Ostereiern geschmückt. Im kirchlichen Bereich finden Prozessionen statt.

- **Ostverträge (die) (Pl.)**
  der Osten + die Verträge (Pl.)

Siehe „Brandt".

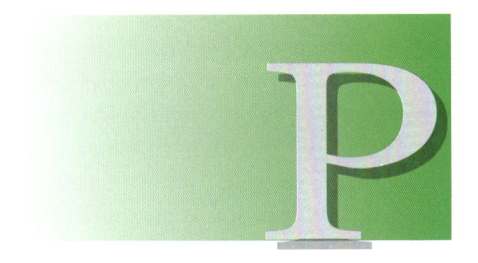

P

- **Paritätischer Wohlfahrtsverband**
  die Wohlfahrt + der Verband
  (!) der Paritätische Wohlfahrtsverband

Der P. W. ist der Dachverband von über 10 000 sozialen Einrichtungen und Organisationen. Parität ist das Prinzip der Gleichheit aller. Schwerpunkte des Verbands sind soziale Arbeit, Sozialpolitik und Sozialrecht. Er betreibt Lobbyarbeit für Kranke und Schwache in der Gesellschaft, berät Mitgliedsorganisationen und hilft auch finanziell bei sozialen Projekten. Zu den Mitgliedern gehören u.a. der Arbeiter-Samariterbund, das Deutsche Kinderhilfswerk, die Deutsche Lebens-Rettungs-Gesellschaft, Pro Familia, der Sozialverband VdK Deutschland.

- **Parlament (das), -e**

Das P. ist in Deutschland eine repräsentative politische Volksvertretung. Sie besteht aus zwei Kammern (Häusern). Die Volksvertretung, der Bundestag, wird direkt vom Volk gewählt. Die andere Kammer, der Bundesrat, besteht aus Regierungsmitgliedern der Bundesländer.

- **Parlamentarischer Rat**
  (!) der Parlamentarische Rat

Nach dem Zweiten Weltkrieg traten in Bonn (Westdeutschland) 65 Frauen und Männer zusammen und berieten über eine neue Verfassung. Sie sollte Lehren aus der Geschichte ziehen. Die Fehler der Weimarer Republik und die Schrecken der Nationalsozialisten standen den Abgeordneten vor Augen. Am 23. Mai 1949 wurde das Grundgesetz unterschrieben. Das war die Gründung der Bundesrepublik Deutschland.

- **Partei (die), -en**

Eine P. ist ein politischer Verein. Die politischen Parteien sind wichtige Elemente des demokratischen Staates. Ihre Gründung ist frei. Sie müssen demokratischen Grundsätzen folgen.
Die Parteien vertreten unterschiedliche politische Richtungen und konkurrieren untereinander. Sie haben verschiedene Ziele. Die Bürger wählen Kandidaten der einzelnen Parteien oder eine bestimmte Partei in das Parlament und bestimmen damit die Richtung der Politik.

- **Pass (der), die Pässe**

Siehe „Reisepass".

- **Paulskirche (die)**

Im 19. Jahrhundert bestand Deutschland aus vielen Kleinstaaten. In der Revolution von 1848 wurden freie Wahlen, Pressefreiheit und die Herstellung eines deutschen Parlaments gefordert. Die Frankfurter Nationalversammlung, das erste frei gewählte deutsche Parlament, tagte hierzu von 1848 bis 1849 in der Paulskirche. Sie beriet über die Grundrechte und arbeitete eine Verfassung aus, die Einfluss auf die Verfassungen des 20. Jahrhunderts in Deutschland haben sollte. Sie bereitete eine provisorische deutsche Regierung vor, scheiterte aber an den Einzelstaaten.

- **Personalausweis (der), -e**

Jeder Staatsbürger muss ab 16 Jahren einen Ausweis oder Reisepass besitzen. Er dient zur Feststellung der Identität. Wer keinen Reisepass besitzt, muss einen Personalausweis beantragen. Diese Dokumente muss man besitzen, aber nicht immer bei sich tragen.

- **Personenstand (der)**

Alle Daten einer Person, die für das Standesamt wichtig sind: Geburtsdatum, Heirat, Kinder, Scheidung, Tod.

- **Petition (die), -en**

Eine P. ist eine direkte schriftliche Eingabe an eine Behörde. Der Bundestag hat einen Petitionsausschuss, an den sich jeder mit Bitten und Beschwerden wenden kann. Bürger oder Unternehmen eines EU-Landes können beim Europäischen Parlament (Informationsbüro des Europäischen Parlaments) eine P. einreichen, wenn das Parlament zu einem bestimmten Thema aktiv werden soll.

- **Pfarramt (das), -ämter**

Institution einer christlichen Gemeinde mit einer Pfarrstelle und einem Pfarrer. Es ist der Ort, wo eine Kirchengemeinde verwaltet wird.

- **Pfingsten**

Siehe „christlicher Feiertag".

- **Pflege (die)**

Verb: pflegen, er/sie pflegt, pflegte, hat gepflegt; Personen: der Pfleger, - / die Pflegerin, -nen

Man unterscheidet ambulante und stationäre Pflege; ambulant: zu Hause, stationär: im Heim.
Es gibt 3 Millionen Pflegebedürftige. Die Hälfte wird zu Hause gepflegt. Der Staat unterstützt mit der Pflegeversicherung (siehe „Pflegeversicherung"). Pflegende berufstätige Angehörige können in Notfällen zehn Tage frei nehmen, dann eine

Familienpflegezeit bis zu 24 Monaten. Der Arbeitgeber muss aber zustimmen; die wöchentliche Mindestarbeitszeit beträgt dann 15 Stunden, das Gehalt wird entsprechend gekürzt. Zur Sicherung des Lebensunterhalts kann ein zinsloses Darlehen beantragt werden.

- **Pflegeversicherung (die)**
  die Pflege + die Versicherung

Die P. ist eine Pflichtversicherung. In die P. zahlen Arbeitnehmer und Arbeitgeber ein. Das Geld geht an die Krankenkassen.

Die P. hilft, wenn Menschen Pflege brauchen. Sie unterstützt finanziell bei der Pflege zu Hause und im Heim. Die P. zahlt ambulante Pflegekräfte und unterstützt auch Familien, die Angehörige pflegen.

- **Planwirtschaft (die)**
  der Plan + die Wirtschaft

Die östliche Planwirtschaft stand jahrzehntelang im Gegensatz zur westlichen Marktwirtschaft. Die P. wird vom Staat zentral gelenkt, in der Marktwirtschaft planen alle Unternehmen und alle Staatshaushalte.

- **Plattenbau (der), -bauten**
  die Platten (Pl.) + der Bau

Plattenbauten sind ziemlich unattraktive mehrstöckige Bauten aus fertigen Betonplatten. Nach dem Krieg musste man möglichst schnell Wohnraum schaffen. Im Westen entstanden einfache Miethäuser, die DDR errichtete Plattenbauten. Die relativ kleinen Wohnungen entsprachen einer bestimmten Norm, dafür waren die Mieten günstig. Nach der Wende wurden die Plattenbauten entweder abgerissen oder saniert und mit farbigen Fassaden versehen. Viele schätzen heute die noch immer günstigeren Mieten.

- **-politik (die)**

Z.B. Außenpolitik, Schulpolitik, Wirtschaftspolitik, Verteidigungspolitik.

- **Polizei (die)**

Die P. ist für die die öffentliche Sicherheit und Ordnung zuständig. Die Organisation der P. ist Aufgabe der Bundesländer.

Die Bundespolizei ist zuständig für den Schutz der Grenzen, die Sicherheit im Bahnverkehr, die Sicherheit des Luftverkehrs sowie den Schutz der Verfassungsorgane. Sie gehört zum Bundesministerium des Innern.

- **Praktikant (der), -en / Praktikantin (die), -nen**
  Nomen: das Praktikum, Praktika

Ein P. macht für einige Wochen oder Monate eine Ausbildung in einem Betrieb und übernimmt bestimmte Tätigkeiten, ist aber kein Arbeitnehmer. Ziel eines Praktikums: Junge Leute sollen das Arbeitsleben kennenlernen und Einblick in einen Beruf gewinnen, für den sie sich vielleicht entscheiden. Studenten machen Praktika im Rahmen von bestimmten Kursen. Praktika sind oft Bedingung für einen Beruf oder ein Studium.

- **Pressefreiheit (die)**
  die Presse + die Freiheit

  Die P. ist ein Grundrecht, das nicht abgeschafft werden kann. Siehe „Meinungsfreiheit".

- **Privateigentum (das)**
  privat (Adj.) + das Eigentum

  In der sozialen Marktwirtschaft in Deutschland ist das Eigentum nach Artikel 14 des Grundgesetzes geschützt. Es heißt aber auch, dass Eigentum verpflichtet und dem Wohl der Allgemeinheit dienen soll. Die Sozialbindung des Eigentums sieht man in der Mitbestimmung der Arbeitnehmer in Betrieben oder von Arbeitnehmervertretern in Kapitalgesellschaften.
  Man unterscheidet zwischen Privateigentum und Kollektiveigentum. Privateigentum an den Produktionsmitteln ist typisch für die Marktwirtschaft, das Staats- oder Kollektiveigentum typisch für die Planwirtschaft.

- **Protest (der), -e**
  Verb: protestieren, er/sie protestiert, protestierte, hat protestiert.

  Beispiel: Der Protest richtete sich gegen die Erhöhung der Gebühren.

- **Prozess (der), -e**

  Es kommt zu einem P. vor Gericht, wenn jemand nach einem Rechtsstreit angeklagt wird. Ein Rechtsanwalt / Eine Rechtsanwältin vertritt dann den Angeklagten / die Angeklagte vor Gericht.

- **Prügelstrafe (die)**
  der Prügel (= Stock) + die Strafe

  Schon 1957 verbot Schweden die Prügelstrafe in Schulen, 1979 auch im Elternhaus. Die meisten EU-Länder haben heute die Prügelstrafe verboten. Deutschland folgte im Jahr 2000 mit dem Gesetz zur gewaltfreien Erziehung,

- **Putsch (der), -e**

  auch: der Staatsstreich. der Umsturz. Von einer kleinen Gruppe (z.B. von Militärs) organisierte Übernahme der Staatsgewalt.

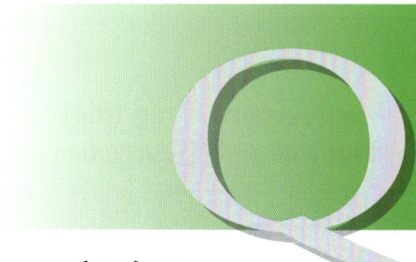

- **Quorum (das), Quoren**

  Ein Q. ist eine bestimmte Zahl von Stimmen, die nötig sind, damit ein Beschluss gilt. Beispiel: Der Bürgerentscheid hat das notwendige Quorum erreicht. Das Kohlekraftwerk wird 2022 stillgelegt.

- **Rabatt (der), -e**

  In Deutschland haben Produkte einen festen Preis. Wer einen Rabatt (= eine Ermäßigung), bekommt, also weniger zahlt, ist genau geregelt. Beispiel: Auf dieses Gerät bekommen Sie 10 Prozent Rabatt.

- **Recht (das), -e**

  Man unterscheidet das Privatrecht und das Öffentliche Recht. Das Privatrecht betrifft das Verhältnis des Bürgers zum Bürger (z.B. im Familienrecht oder Arbeitsrecht). Zum Privatrecht gehört auch das Bürgerliche Recht, das im Bürgerlichen Gesetzbuch BGB geregelt ist (z.B. Ersatz von Schäden, Anspruch auf eine Zahlung). Das Öffentliche Recht betrifft das Verhältnis des Bürgers zum Staat (im Sozialrecht, Steuerrecht oder

Strafrecht, z.B. bei Körperverletzung, Diebstahl oder Erpressung)..

> Das R. sind anerkannte Normen des menschlichen und gesellschaftlichen Verhaltens. Beispiele: im Recht sein, recht bekommen, auf sein Recht bestehen/pochen.

- **Rechte und Pflichten (die) (Pl.)**

Jeder Staatsbürger hat in Deutschland die gleichen Rechte und Pflichten. Die Bürger haben zum Beispiel das Recht auf Wahlen, um die Zukunft mitzubestimmen. Sie haben das Recht auf freie Meinungsäußerung, auf freie Religionsausübung.
Die Grenzen der Rechte sind erreicht bei Terror und Hasspredigten, wenn einer anderen Person geschadet wird, wenn öffentlich die Unwahrheit verbreitet wird oder wenn gegen die freiheitlich-demokratische Grundordnung gearbeitet wird.
Es gibt aber auch Pflichten: Die Pflicht, Steuern zu zahlen, die Schulpflicht, die Meldepflicht. Die Pflicht zu helfen, wenn jemand in Not ist. Die Pflicht, einen Ausweis zu besitzen. Wer etwas findet, z. B. ein Portemonnaie, ist verpflichtet, es der Polizei zu melden.

> Die Rechte sind im Grundgesetz festgehalten, die Pflichten in verschiedenen Gesetzbüchern wie dem Strafgesetzbuch und dem Bürgerlichen Gesetzbuch.

- **Rechtsanwalt (der), -anwälte / Rechtsanwältin (die), -nen**

  das Recht + der Anwalt / die Anwältin

R. ist eine Berufsbezeichnung. Der R. berät seinen Mandanten (= der ihn beauftragt) und verteidigt ihn vor Gericht.

- **Rechtspopulismus (der)**

  rechts + der Populismus; Personen:
  der Rechtspopulist, -en

  R. ist eine politische Strategie, die das „einfache Volk" gegen die „da oben", die sogenannten „Eliten" aufwiegeln will. Rechtspopulisten sind fremdenfeindlich und riegeln sich ab gegen andere ethnische und religiöse Gruppen. Sie fordern mehr Härte gegen Straftäter, Drogenabhängige und Obdachlose und schüren Ängste gegenüber Emigranten. R. führt zu Bewegungen wie „Pegida" und zu Gewalt gegen Asylbewerberheime.
  Der R. in der EU will zurück in die Vergangenheit und zurück zu nationalistischen Überzeugungen. Die EU dagegen will die Überwindung der Nationalstaaten und ein Europa, das mit seinen Zielen und Werten die Länder vereint.

- **rechtsprechende Gewalt (die)**

  = die Judikative. Siehe „Gewaltenteilung".

- **Rechtsprechung (die)**

  Das sind alle Entscheidungen der Gerichte.

- **Rechtsradikalismus (der)**

  rechts + der Radikalismus.
  Adj.: rechtsradikal

  Rechtsradikale Gruppen stellen die freiheitlich-demokratische Grundordnung in Frage (siehe NSU). Sie sind rassistisch, antisemitisch und glauben an einen starken Führer. Sie treten auf gegen Moscheebauten und Flüchtlingsunterkünfte. Die extreme Rechte will die Mitte der Gesellschaft verändern.

- **Rechtssicherheit (die)**
  das Recht + die Sicherheit
  R. besteht, wenn die Bürger Vertrauen in die Rechtsordnung haben. Diese garantiert die gleiche rechtliche Behandlung gleicher Fälle, das Voraussehen von Rechtsfolgen und die Durchsetzung der vom Gericht getroffenen Entscheidung. Die R. ist ein wesentliches Merkmal des Rechtsstaats.

- **Rechtsstaat (der)**
  das Recht + der Staat
  Alle, auch der Staat, müssen sich an die Gesetze halten. Der Staat darf seine Macht nicht missbrauchen.
  Der R. ist ein fester Teil jeder demokratischen Ordnung. Das Prinzip des Rechtsstaats ist die Bedingung für die Mitgliedschaft in der EU. Er schützt alle Grundrechte, die Freiheit, Gleichheit und Menschenwürde.

- **Reform (die), -en**
  = Veränderung von politischen oder wirtschaftlichen Verhältnissen, um sie zu verbessern.

- **Reformation (die)**
  Die R. ist eine Bewegung, die ab 1517 zur Spaltung des westlichen Christentums führte. Die evangelische (auch lutherische) Kirche entstand. Siehe „Reformationstag".

- **Reformationstag (der) / Reformationsfest (das)**
  die Reformation + der Tag / das Fest
  Der 31. Oktober ist der R. Er feiert den Beginn der Reformation durch Martin Luther am 31. Oktober 1517. An diesem Tag soll Luther seine 95 Thesen an der Schlosskirche von Wittenberg veröffentlicht haben. Sie waren gegen den Ablasshandel der römisch-katholischen Kirche gerichtet (Zahlung von Geld an den Papst, um sich von Höllenstrafen und Schuld freizukaufen). Der R. ist ein evangelischer Feiertag.

- **Regierung (die), -en**
  Verb: regieren, er/sie regiert, regierte, hat regiert
  Die R. leitet und beaufsichtigt die Politik. Sie besteht aus dem Regierungschef (der Bundeskanzler / die Bundeskanzlerin) und den Ministern.
  Stationen einer Regierungsbildung: Nach der Wahl kann 1. eine Partei, die die absolute Mehrheit der Stimmen bekommen hat, die Regierung bilden oder 2. können Parteien, die die meisten Stimmen erhalten haben, eine Koalition eingehen und eine Regierung bilden. Sie teilen sich die Ministerien.

- **Regierungsbezirk (der), -e**
  die Regierung + der Bezirk
  Ein R. ist die kommunale Ebene über der Gemeinde und dem Kreis. Beispiel: Nordrhein-Westfalen hat fünf Regierungsbezirke: Arnsberg, Detmold, Düsseldorf, Köln, Münster.- Bayern teilt sich in 7 Bezirke: Oberbayern, Niederbayern, Oberpfalz, Oberfranken, Mittelfranken, Unterfranken, Schwaben. Zuständig für übergeordnete Aufgaben: Fachkrankenhäuser oder Sonderschulen usw.

- **Regierungssystem (das)**
  die Regierung + das System
  Die Bürgerinnen und Bürger in Deutschland wählen Personen und Parteien, die sie im Parlament vertreten. Die Wahlen sind frei. Alle Bürgerinnen und Bürger haben die gleichen Rechte und Pflichten.

- **Region (die), -en**
  Regionen sind Gebiete in Deutschland: z.B. das Allgäu, die Lüneburger Heide, der Schwarzwald, das Ruhrgebiet usw. Eine R. ist geografisch, wirtschaftlich oder kulturell orientiert.

- **regional (Adj.)**
  = charakteristisch für eine Region. Beispiel: Regionale Produkte werden besonders gern gekauft.

- **Reichstag (der)**

Der R. ist eigentlich das Reichstagsgebäude. Es ist Sitz des Deutschen Bundestags in Berlin. Das Parlament tagt hier seit 1999.

Der R. spiegelt die Geschichte Deutschlands wider. Hier hatte auch der Reichstag des Deutschen Reichs von 1871 und der Reichstag der Weimarer Republik seinen Sitz. Durch den Brand 1933 und im Zweiten Weltkrieg wurde das Gebäude schwer beschädigt. Er wurde neu aufgebaut und mit einer gläsernen Kuppel versehen.

- **Reisepass (der), -pässe**

die Reise + der Pass. Verb: reisen, er/sie reist, reiste, ist gereist

Jeder Staatsbürger in Deutschland ab 16 Jahre muss einen Ausweis oder Reisepass besitzen. Wer nach Deutschland reist, braucht einen Pass oder ein Dokument, mit dem er seine Identität nachweisen kann.

- **reklamieren**

er/sie reklamiert, reklamierte, hat reklamiert. Nomen: die Reklamation, -en

Beispiel: Sie haben einen Fernseher gekauft. Zu Hause stellen Sie fest, dass er nicht funktioniert. Dann müssen Sie im Geschäft, in dem Sie gekauft haben, den Fernseher reklamieren.

- **Religion (die)**

In Deutschland sind Kirche und Staat getrennt.

Die Trennung ist aber nicht strikt durchgeführt: Die Staat zieht für die anerkannten Religionsgemeinschaften die Kirchensteuer ein und der Religionsunterricht ist Schulfach an öffentlichen Schulen. Der Staat profitiert auch von der karitativen Tätigkeit der Kirchen und die Kirchen haben Einfluss in vielen gesellschaftlichen Bereichen. Katholiken und Protestanten haben die meisten Anhänger, es folgen die Muslime und weitere religiöse Minderheiten. Auch die Zahl der Konfessionslosen ist relativ hoch, besonders in Ostdeutschland. Das hat historische Gründe. In der DDR war Kirche Opposition und Protest, ihre Anhänger hatten deutliche Nachteile.

- **Religionsfreiheit (die)**

die Religion + die Freiheit

Die R. erlaubt es jedem, seinen individuellen Glauben in Form einer Religion oder Weltanschauung frei auszuüben. Dazu gehört auch die Freiheit, keiner bestimmten Religion anzugehören (siehe „Grundrechte").

- **Religionsunterricht (der)**

die Religion + der Unterricht

In den staatlichen Schulen gibt es R.

Die Eltern dürfen bis zum 14. Lebensjahr ihres Kindes entscheiden, ob es am R. teilnimmt oder nicht. Wer nicht teilnimmt, geht zum Ethikunterricht.

- **Rente (die), -n**

R. bekommen Menschen ab 63, 65 oder 67 Jahren. Sie wird monatlich gezahlt. Zuständig ist die Bundesversicherungsanstalt für die Deutsche Rentenversicherung.

Die R. wird nach der Zahl der Jahre der Beschäftigung und der Höhe des Gehalts ausgerechnet. Die gesetzliche Rente ist die Basis der Altersversorgung. Längere Arbeitslosig-

keit und geringes Einkommen schmälern die R. und können zu Altersarmut führen.
Das Zahlenverhältnis von Rentnern zu Arbeitnehmern, die die aktuellen Renten erwirtschaften, wird immer ungünstiger. Jüngere machen sich deshalb schon früh Gedanken, wie die Versorgung im Alter aussehen wird. Seit 2017 ermöglicht die Flexirente älteren Arbeitnehmern, über die Altersgrenze hinaus zu arbeiten. Bei geringerer Stundenzahl und flexibler Teilrente.

- **Rentenversicherung (die)**
  die Rente + die Versicherung

Die R. ist eine Versicherung, in die Arbeitgeber und Arbeitnehmer einzahlen müssen. Das offizielle Rentenalter steigt langsam von 65 auf 67 Jahre. Wer 45 Jahre gearbeitet und in die R. eingezahlt hat, kann mit 63 Jahren in Rente gehen.
  Die Versicherungsbeiträge gehen an die Bundesversicherungsanstalt.

- **Republik (die), -en**

Staatsform mit einer demokratisch gewählten Regierung und einem auf begrenzte Zeit gewählten Präsidenten / einer Präsidentin als Staatsoberhaupt.

- **Richter (der), - / Richterin (die), -nen**

Ein Richter / Eine Richterin hat ein öffentliches Amt an einem Gericht und spricht Urteile.

- **Richtlinienkompetenz (die)**
  die Richtlinien (Pl.) + die Kompetenz

Der Bundeskanzler / Die Bundeskanzlerin hat die R., das heißt er/sie bestimmt die Richtung der Politik. In Artikel 65 Grundgesetz heißt es: „Der Bundeskanzler bestimmt die Richtlinien der Politik und trägt dafür die Verantwortung."

- **Riester-Rente (die)**
  Die R. ist eine private Vorsorge fürs Alter. Sie wird staatlich gefördert. Benannt nach einem ehemaligen Bundesarbeitsminister.

- **Römische Verträge (Pl.)**
  (!) die Römisch**en** Verträge

Die R.V. 1957 führten zur Gründung der Europäischen Wirtschaftsgemeinschaft (EWG) und der Europäischen Atomgemeinschaft (EURATOM). Die 6 Gründungsmitglieder waren Belgien, die Bundesrepublik Deutschland, Frankreich, Italien, Luxemburg und die Niederlande. Das war der Beginn der europäischen Einigung. Siehe „Europäische Union".

- **Rosenmontag (der)**

Der R. ist ein Höhepunkt der Karnevalszeit. Er fällt immer auf den Montag vor Aschermittwoch, mit dem der Karneval endet. In Köln, Düsseldorf und Mainz finden Umzüge statt, die besonders Politiker und politische Verhältnisse aufs Korn nehmen (= kritisieren).

S

- **Scheidung (die), -en**
  Aufhebung einer Ehe. Die Familiengerichte sind für Kindeswohl und Scheidungen zuständig. Ein Rechtsanwalt / Eine Rechtsanwältin muss den Antrag auf Scheidung einer Ehe stellen.

- **Schengener Abkommen (das)**

Mit dem Sch. A. sind die Personenkontrollen an den Grenzen verschiedener Länder in Europa abgeschafft worden. Die teilnehmenden Länder heißen Schengen-Staaten. Das Abkommen ist 1985 im Grenzort Schengen (Luxemburg) abgeschlossen worden.
  Gleichzeitig wurde eine engere Zusammenarbeit von Polizei und Justiz vereinbart, um den Missbrauch offener Grenzen zu verhindern. Es besteht noch Handlungsbedarf.

- **Schengener Staaten (die) (Pl.)**

Mitglieder des grenzfreien Schengen-Raums: Belgien, Dänemark, Deutschland, Estland, Finnland, Frankreich, Griechenland, Island, Italien, Lettland, Liechtenstein, Litauen, Luxemburg, Malta, Niederlande, Norwegen, Österreich, Polen, Portugal, Schweden, Schweiz, Slowakei, Slowenien, Spanien, Tschechische Republik, Ungarn. Mit der Flüchtlingskrise sind Grenzkontrollen und Grenzschließungen wieder eingeführt worden. Zeitlich begrenzte Maßnahmen sind nach EU-Recht erlaubt.

- **Schiller, Friedrich (1759–1805)**

Der Dramatiker Friedrich Schiller wurde in Marbach am Neckar geboren. Das Drama „Die Räuber", seine Forderung nach Freiheit, begeistert die Menschen in einer Welt der Willkür und Kleinstaaterei. Er war freundschaftlich mit Goethe verbunden, der ihn als Professor für Geschichte nach Weimar holte. Themen seiner Dramen war die Spannung zwischen Ideal und Leben und das Bemühen um Freiheit und Menschenwürde.

- **Schloss Bellevue (das)**

Das S. B. ist der Amtssitz des Bundespräsidenten. Es liegt im Zentrum von Berlin, nicht weit entfernt vom Deutschen Bundestag und vom Bundeskanzleramt. Im Schloss B. werden Staatsgäste empfangen. Für Bürgerinnen und Bürger ist das Schloss beim Tag der offenen Tür oder dem Bürgerfest geöffnet.

- **Schloss Meseburg (das)**

S.M. ist das Gästehaus der Bundesregierung. Dort werden Staatsgäste empfangen. Die Mitglieder des Kabinetts treffen sich dort. Es liegt in Brandenburg 70 km nördlich von Berlin.

- **Schnupperpraktikum (das), -praktika**

schnuppern (=kurz riechen)
+ das Praktikum

Sch. gibt es vor allem für Schüler, die einen Einblick in den Arbeitsalltag im gewünschten Beruf bekommen sollen. Das soll die Berufsentscheidung erleichtern. Sch. sind kostenlos und nur kurz, können aber oft der Einstieg in ein längeres Praktikum sein.

- **Schöffe (der), -n / Schöffin (die), -nen**

Schöffen sind ehrenamtliche Laien-Richter, die für fünf Jahre gewählt werden. Alle deutschen Staatsangehörigen, die älter als 24 und jünger als 70 Jahre alt sind, können Gerichtsschöffe/Gerichtsschöffin werden.

- **Schrebergarten (der), -gärten**

auch: Kleingarten, ostdeutsch oft Datsche genannt. Es sind meist Vereine, die die eingezäunten kleinen Gärten, oft mit Häuschen (auch: Laube; deshalb scherzhaft „Laubenpieper"), an ihre Mitglieder verpachten. Der Sch. dient zur Erholung am Wochenende an frischer Luft.

- **Schulabschluss (der)**

die Schule + der Abschluss

Einen mittleren Sch. erreichen Schüler nach 10 Jahren mit dem Abschluss der Sekundarstufe I (= Mittlere Reife, Fachoberschulreife, Sekundar- oder Realschulabschluss). An vielen Hauptschulen ist es nach 9 Jahren möglich, ein 10. Jahr (den „Quali") anzuschließen und so einen höheren Abschluss zu erreichen. Die Hochschulreife hat, wer auf dem Gymnasium nach 12 oder 13 Jahren das Abitur macht.

Die Fachhochschulreife (Fachabitur), die das Studium an Fachhochschulen und bestimmte Fächer an Unis ermöglicht, steht am Ende von Fachoberschule (FOS) und Berufsoberschule (BOS). Diese Schulen sind auch für Schüler mit mittlerem Schulabschluss oder abgeschlossener Berufsausbildung offen.

Ohne Sch. sind die Chancen auf dem Arbeitsmarkt gering. Es gibt viele Möglichkeiten, einen Abschluss nachzuholen.

- **Schulamt (das), -ämter**
  die Schule + das Amt

Das Sch. ist eine staatliche Einrichtung. Es ist für die verschiedenen Schularten zuständig.

Das Sch. ist eine kommunale Einrichtung. Es ist für alle Schulen verantwortlich. Schulämter sind zuständig für die Planung des Schulwesens, die Sicherung der Qualität des Unterrichts, die Beratung der Schulen und die Aufsicht über Schulleitung und pädagogisches Personal.

- **Schule (die), -n**

Alle Mädchen und Jungen müssen ab sechs Jahren zur Schule gehen. Es besteht Anwesenheitspflicht. Wenn ein Kind krank ist und nicht zur Schule gehen kann, müssen die Eltern Bescheid geben.

- **Schulgeld (das)**
  die Schule + das Geld

Öffentliche Schulen sind in Deutschland kostenlos. Schulgeld erheben Privatschulen, kirchliche Schulen und die Europäischen Schulen.

- **Schulpflicht (die)**
  die Schule + die Pflicht

Alle Kinder, die in Deutschland leben, müssen zur Schule gehen. Die Sch. dauert vom 6. Lebensjahr an für neun Schuljahre.

- **Schulsystem (das)**
  die Schule + das System

Alle Kinder besuchen ab 6 Jahren für 4 Jahre (6 Jahre in Berlin und Brandenburg) die Grundschule. Nach einer Empfehlung der Lehrer gehen die Kinder dann auf eine weiterführende Schule: Auf die Hauptschule bis zur 9. oder 10. Klasse, die Realschule bis zur 10. Klasse, das Gymnasium bis zur 12. oder 13. Klasse.

Das Gymnasium oder die gymnasiale Oberstufe endet mit dem Abitur, der Allgemeinen Hochschulreife. Es berechtigt zum Studium an einer Universität oder Hochschule.

Es gibt unterschiedliche Bezeichnungen, Schularten und Bildungswege in den einzelnen Bundesländern, über die man sich genau informieren muss.

Die Ferientermine sind auch unterschiedlich. Prinzipiell ist der Wechsel in einen anderen Schultyp immer möglich, wenn es die Leistungen erlauben. Schwierigkeiten gibt es eher beim Wechsel in ein anderes Bundesland.

- **Schutz für Flüchtlinge**

Es gibt 4 Schutzformen:
1. Flüchtlingsschutz nach der Genfer Flüchtlingskonvention. Gilt auch bei nichtstaatlicher Verfolgung.
2. Asylberechtigung: Gilt für politisch Verfolgte, denen bei Rückkehr schwere Menschenrechtsverletzungen drohen.
3. Subsidiärer Schutz: Wenn 1. und 2. nicht zutrifft, aber ernsthafter Schaden im Herkunftsland droht.
4. Nationales Abschiebungsverbot: Wenn 1.-3. nicht zutrifft, aber bestimmte Gründe vorhanden sind.

- **Schwarzmarkt (der), -märkte**
  schwarz (Adj.) + der Markt

Schwarzmärkte sind illegale Märkte. Sie entstehen, wenn bestimmte Waren nicht angeboten werden, z.B. Lebensmittel oder Waffen. Waren

des Sch. werden von der Polizei beschlagnahmt (= mitgenommen).
Nach dem Zweiten Weltkrieg gab es zu wenig zu essen. Lebensmittel bekam man gegen Lebensmittelkarten. Auf dem Sch. war alles erhältlich, sehr teuer oder gegen den Tausch von Zigaretten (Zigarettenwährung). Der Sch. verschwand nach der Währungsreform 1948, als die Läden langsam wieder voller wurden.

- **SED (die)**

  (= die Sozialistische Einheitspartei Deutschlands) KPD (Kommunistische Partei Deutschlands) und SPD (Sozialdemokratische Partei Deutschlands) wurden 1946 im sowjetischen Sektor zur SED vereint, der Einheitspartei der späteren DDR. Siehe „SPD" in Westdeutschland.

- **selbstständig (Adj.)**

  Personen: der/die Selbstständige, -n

  Wer eine Firma gründet (z.B. eine Geschäft aufmacht, ein Restaurant gründet usw.) und selbstständig arbeitet, braucht einen Gewerbeschein vom Gewerbeamt. Er muss krankenversichert sein und die Krankenversicherung selbst bezahlen. Auch muss er Einkommensteuer und Gewerbesteuer zahlen.

- **Semester (das), -**

  = das Studienhalbjahr an Hochschulen.

- **Senat (der), -e**

  1. Die Landesregierungen der Stadtstaaten Berlin, Hamburg und Bremen sind Senate. Ihre Mitglieder sind Senatoren.
  2. Gremium an deutschen Gerichten.

- **Seniorenstudium (das)**

  die Senioren (Pl.)+ das Studium

  S. ist Studieren im Alter. Diese Weiterbildung dient der Erweiterung der geistigen Interessen und zielt nicht auf einen akademischen Abschluss. Im Zentrum stehen für viele ältere Menschen die Philosophie, die Theologie, die Archäologie, die Germanistik und die Naturwissenschaften. Jede Hochschule hat eigene Programme mit jeweils eigenen Voraussetzungen.

- **Seniorentreff (der), -s**

  die Senioren (Pl.) + der Treff; Verb: sich treffen, sie treffen sich, trafen sich, haben sich getroffen

  Seniorentreffs bilden sich in größeren Kommunen unter der Trägerschaft der Kommune, der Kirche oder der Wohlfahrtsverbände. Es sind zwanglose Hobby- und Interessentreffs, die die Einsamkeit im Alter vertreiben. Die Einrichtungen sind inzwischen sehr zahlreich; auch im Internet bilden sich Gruppen, seit viele Senioren auch im Internet zu Hause sind.

- **Shell Jugendstudie (die), -n**

  Die Sh. J. wird seit 1953 vom Mineralölkonzern Shell herausgegeben. Die Studie ist eine Untersuchung der Einstellungen, Werte, Gewohnheiten und des Sozialverhaltens von Jugendlichen in Deutschland. Die Studie wird alle vier Jahre von Wissenschaftlern der Universität Bielefeld und durch TNS Infratest Sozialforschung durchgeführt. Es werden repräsentative Jugendliche im Alter von 12 bis 25 Jahren befragt.

- **sicherer Drittstaat, -en**

  (!) der sichere D. / ein sicherer D., die sicheren Drittstaaten

  Als sichere Drittstaaten gelten die Mitgliedstaaten der EU, Norwegen und die Schweiz. Flüchtende, die über einen sicheren Drittstaat einreisen, haben kein Anrecht auf Asyl. Das gilt auch, wenn eine Rückführung nicht möglich ist.

- **Sicherheit (die)**

  Adj.: sicher

  Beispiel: Die Polizei sorgt für Sicherheit.

- **Sicherheits- und Verteidigungspolitik (die)**
  die Sicherheit / die Verteidigung
  + die Politik
  S. betrifft die äußere Sicherheit eines Staates. Die Bundesregierung unterstützt die Umsetzung der globalen Strategie der EU im Bereich Sicherheit und Verteidigung. Die 1955 gegründete Bundeswehr ist eine Parlamentsarmee, die der Demokratie und dem Rechtsstaat verpflichtet ist (siehe „Bundeswehr").

- **single (Adj.)**
  = allein lebend, unverheiratet. Beispiel: Ist Ralf nun verheiratet oder single?

- **Single (der), -s**
  Eine Frau oder ein Mann, die/der ohne festen Partner / feste Partnerin lebt.
  Beispiel: Anna ist ein Single und Moritz ist auch ein Single. Sie leben als Singles. Es gibt Singletreffs und Singlehaushalte.

- **Sinti und Roma (die) (Pl.)**
  Sinti und Roma sind eine ethnische Minderheit mit besonderen Rechten. 1982 wurde die Verfolgung der Sinti und Roma unter der NS-Diktatur als Völkermord anerkannt.
  Der Zentralrat der Sinti und Roma vertritt die Interessen dieser Minderheit: Auch die EU setzt sich für die Verbesserung der Lebensbedingungen ein.
  Die Roma stammen aus Nordwestindien. Sie sind vor fast 600 Jahren nach Europa eingewandert. Die in Deutschland Geborenen bezeichnen sich selbst als „Sinti". Roma leben als Minderheit auf allen Kontinenten, vor allem aber in Europa.

- **Sitzung (die), -en**
  = die Versammlung, zum Beispiel die Sitzung des Bundestags.

- **Solidargemeinschaft (die), -en**
  Eine S. ist eine Gruppe von Menschen, die gleiche Ziele haben und Kosten und Pflichten teilen. Die gesetzliche Krankenversicherung ist ein Beispiel für eine S., in der immer die Gesunden für die Kranken zahlen. Sie strebt nicht nach Gewinn. Das unterscheidet die gesetzliche Versicherung von privatwirtschaftlichen Versicherungen.

- **Sorbe (der), -n / Sorbin (die), -nen**
  Die Sorben sind eine anerkannte Minderheit in Deutschland. Sie wohnen in der Gegend von Cottbus (Brandenburg) bis Bautzen (Sachsen).
  Sie sind ein slawisches Volk, das sich aber schon fast vollständig integriert hat. Der Bund unterstützt die „Stiftung für das sorbische Volk" mit Zuschüssen und fördert Projekte zur Stärkung der sorbischen Kultur und Sprache.

- **Souveränität (die)**
  Adj.: souverän
  En souveräner Staat bestimmt frei und unabhängig die Art der Regierung, das Rechtssystem und die Gesellschaftsordnung (= alle Normen, Regeln und Institutionen, die das Zusammenleben gestalten). Staaten können Rechte auf supranationale Organisationen übertragen (z.B. auf die Europäische Union).

- **Sozialabgaben (die) (Pl.)**
  sozial (Adj.) + die Abgaben (Pl.)
  Siehe „Sozialversicherungen".

- **Sozialamt (das), -ämter**
  sozial (Adj.) + das Amt
  Das S. ist für die Sozialhilfe zuständig.
  Das S. ist zuständig für die Grundsicherung (= Sozialhilfe), für Hilfen für alte und pflegebedürftige Menschen, für Menschen mit Behinderung, für die Beratung bei Schulden usw.

- **soziale Gerechtigkeit (die)**
  S.G. ist ein wichtiges Ziel der Politik. Menschen sollen von ihrem Lohn leben können. Reichtum soll nicht ungleich verteilt sein. Die Parteien interpretieren die S.G. unterschiedlich.

- **Soziale Marktwirtschaft (die)**
  sozial (Adj.), der Markt + die Wirtschaft

  Siehe „Marktwirtschaft".

- **Sozialgericht (das), -e**
  sozial (Adj.) + das Gericht

  Sozialgerichte entscheiden bei Streitigkeiten zwischen Bürgern und Institutionen im Bereich der Sozialsysteme: bei Streit mit der Krankenversicherung, der Pflegeversicherung, der Rentenversicherung, der Arbeitslosenversicherung, der Unfallversicherung, in Sachen des Kindergelds usw.
  Hat eine Verwaltung entschieden und der Antragsteller ist nicht einverstanden, kann er Widerspruch einlegen oder Klage erheben.

- **Sozialhilfe (die)**
  sozial (Adj.) + die Hilfe

  S. ist eine staatliche Sozialleistung. Es ist eine Grundsicherung, die Hilfsbedürftigen den notwendigen Lebensunterhalt und die Teilnahme am öffentlichen Leben sichern soll. S. bekommt, wer wegen Alters oder Erwerbsminderung nicht erwerbsfähig ist. S. oder Grundsicherung kann auch beantragen, wer eine zu kleine Alters- oder Erwerbsminderungsrente bekommt.

- **Sozialstaat (der)**
  sozial (Adj.) + der Staat

  Im Grundgesetz Artikel 20 steht: „Die Bundesrepublik Deutschland ist ein demokratischer und sozialer Bundesstaat." Der S. ist ein Staat, der soziale Sicherheit und soziale Gerechtigkeit anstrebt. Er hilft Menschen, die in Not sind.

- **Sozialversicherungen (die) (Pl.)**
  sozial (Adj.) + die Versicherungen

  Das sind die gesetzliche Krankenversicherung, die Rentenversicherung, die Arbeitslosenversicherung und die Pflegeversicherung.
  Die Beiträge (= Sozialabgaben) werden automatisch vom Gehalt/Lohn abgezogen. Arbeitgeber und Arbeitnehmer zahlen in die Sozialversicherungen. Siehe auch „Versicherungen".

- **Spätaussiedler (der), -**
  spät + der Aussiedler

  Spätaussiedler sind deutschstämmige Minderheiten, die in den 1990er-Jahren aus der GUS (= Gemeinschaft Unabhängiger Staaten, besonders aus Kasachstan und Russland) und aus Rumänien nach Deutschland eingewandert sind.
  Sie wurden sofort als deutsche Staatsbürger anerkannt.
  Seit Beginn der Einwanderung sind 4,5 Millionen Aussiedler einschließlich Familienangehörige nach Deutschland zugewandert. Bis 2012 gingen die Zahlen zurück und stiegen dann wieder. Seit dem 1. Januar 2005 müssen Familienangehörige Grundkenntnisse der deutschen Sprache nachweisen.

- **SPD (die)**
  (= Sozialdemokratische Partei Deutschlands) Sie ist die älteste Partei Deutschlands. Ihre Ziele sind: der Sozialstaat, soziale Gerechtigkeit; Lohn, der die Existenz sichert; gleicher Lohn für gleiche Arbeit; Wohnen, das man bezahlen kann; kostenfreie Bildung.
  1863 wurde der Allgemeine Deutsche Arbeiterverein in Leipzig gegründet. 1875 wurde die Sozialistische Arbeiterpartei aus dem Allgemeinen Deutschen Arbeiterverein von Ferdinand Lassalle und der Sozialdemokratischen Arbeiterpartei unter August Bebel und Wilhelm Liebknecht gebildet. „Sozialdemokratische Partei Deutschlands" heißt die Partei seit 1890. 1933

stimmte sie gegen das Ermächtigungsgesetz Hitlers und wurde verboten. Partei und Funktionäre gingen ins Exil oder in den Untergrund. Ihre Mitglieder blieben der NS-Ideologie fern. Nach dem Zweiten Weltkrieg wurde sie wieder gegründet und stieg im Westen zur Volkspartei auf. Im Osten ging sie mit der kommunistischen KPD zusammen. Kanzler der SPD waren Willy Brandt (1969-1974) und Helmut Schmidt (1974-1982) sowie Gerhard Schröder (1998-2005). Es folgen Regierungsbeteiligungen in der Großen Koalition mit der CDU/CSU, zuletzt 2018.

- **Spezialität (die), -en**
  1. eine Besonderheit. Beispiel: Übersetzungen sind die Spezialität unserer neuen Mitarbeiterin.
  2. eine Delikatesse. Beispiel: Die Weißwurst ist eine Bayerische Spezialität. In den Regionen gibt es typische Gerichte: Labskaus in Hamburg, Saumagen in der Pfalz usw.

  Würste (Plural) spielen in der deutschen Küche eine große Rolle. Würste isst man warm, zu Sauerkraut und mit Brot oder einem Brötchen: Frankfurter Würstchen, Nürnberger Rostbratwürste, Thüringer Bratwürste, norddeutscher Pinkel mit Grünkohl. Wurst (Singular) isst man kalt, auf Brot oder als Wurstsalat.

- **Sportverein (der), -e**
  der Sport + der Verein

  Sportvereine stellen Mitgliedern Geräte, Turnhallen und Sportflächen zur Verfügung. Die Vereine sind nach Sportarten gegliedert: Fußballvereine, Handballvereine, Schwimmvereine usw.

- **SSW (der)**
  (= Südschleswiger Wählerverband) Er ist eine regionale Partei in Schleswig-Holstein und repräsentiert die dänische Minderheit. Die Dänen in Schleswig-Holstein sind eine politisch anerkannte Minderheit. Sie unterhalten hochmoderne Schulen und Kitas, in denen die Digitalisierung kein Fremdwort ist. Die Schüler wachsen mit zwei Sprachen und zwei Kulturen auf.

- **Staat (der), -en**
  Adj.: staatlich

  Ein St. ist eine politische Organisation, die aus einem Staatsgebiet, dem Staatsvolk (= Bevölkerung eines Staates) und der Staatsgewalt (= die Regierung) besteht.
  Der St. hat viele Aufgaben: Er ist für die Infrastruktur verantwortlich (für Straßen und Brücken); er sorgt für Sicherheit (Polizei); er fördert den Sport; er schützt die Umwelt; er fördert kulturelle Einrichtungen (Theater, Museen); er ist für Bildung zuständig (Bau von Schulen, Organisation des Unterrichts).

  Der deutsche St. ist national und international tätig. Er ist für die Außen- und Verteidigungspolitik zuständig, die Atomenergie, den Schutz deutschen Kulturguts, das Passwesen, die Währung, für Einwanderung und Abwehr des internationalen Terrorismus. Die Staaten der EU haben einen Teil ihrer Rechte nach Brüssel abgegeben.

- **Staatsangehörigkeit (die), -en**
  = die Nationalität, die Staatsbürgerschaft. Die deutsche St. ist die Zugehörigkeit zum deutschen Staat, der Bundesrepublik Deutschland. Aus der St. resultieren Rechte und Pflichten eines Staatsbürgers.

  Wer sich mindestens acht Jahre rechtmäßig in der Bundesrepublik aufgehalten hat, kann die deutsche Staatsbürgerschaft erwerben. Ausländer müssen dann ihre bisherige Staatsbürgerschaft aufgeben. Aber es gibt Sonderbestimmungen: Die doppelte Staatsbürgerschaft besitzen EU-Bürger, Bürger der Schweiz und Israels, Bürger aus Staaten wie Iran und Marokko, die nicht aus der Staatsbürgerschaft entlassen werden können.

- **Staatsanwalt (der), -anwälte / die Staatsanwältin (die), -nen**
der Staat + der Anwalt / die Anwältin

Der St. begleitet ein Gerichtsverfahren. Er ist der Vertreter der Anklage.

- **Staatsbürger (der), - / Staatsbürgerin (die), -nen**

= der Bürger / die Bürgerin eines Staates.

Staatsform (die), -en

Staatsformen sind die Republik und die Monarchie. Es gibt viele Varianten der Staatsformen und der Regierungssysteme, auch der diktatorischen Systeme, die sich formal z.B. auch Republik nennen.

- **Staatsgewalt (die)**
der Staat + die Gewalt

Beispiel: „Alle Staatsgewalt geht vom Volke aus." (Grundgesetz Artikel 20)

- **Staatsoberhaupt (das), -oberhäupter**
der Staat + das Oberhaupt

Der Bundespräsident ist das Staatsoberhaupt in Deutschland.

- **Staatsorgan (das), -e**
der Staat + das Organ

Siehe „Verfassungsorgan".

- **Staatssicherheit (die)**

(= „Stasi") Die „Stasi" war der politische Geheimdienst der DDR im Ministerium für Staatssicherheit.

Sie war der Partei untergeordnet und nur ihr verantwortlich. Agenten der St. bespitzelten alle DDR-Bürger, die das System kritisierten. Über jeden verdächtigen Bürger führten sie eine Akte. Diese Akten können die Bürger seit der Wiedervereinigung einsehen.

- **Staatssymbol (das), -e**
der Staat + das Symbol

Zu den Staatssymbolen werden Wappen, Farben, Flaggen, Hymnen, Hauptstädte und Feiertage gezählt.
Im Grundgesetz ist festgelegt: „Die Bundesflagge ist schwarz-rot-gold." Die Nationalfarben Schwarz-Rot-Gold stammen aus dem 19. Jahrhundert und gehen wahrscheinlich auf die Uniformen in den Befreiungskriegen 1815 gegen Napoleon zurück. Die Frankfurter Nationalversammlung machte im Revolutionsjahr 1848 die Farben Schwarz-Rot-Gold zur Flagge des Deutschen Bundes (siehe „Paulskirche"). Das Wappen zeigt einen schwarz-roten Adler auf goldenem Grund.

Der Adler war das Zeichen der römischen Kaiser. Karl der Große übernahm es. Später wurde es Staatswappen des 1871 gegründeten Deutschen Reichs, dann der Weimarer Republik. 1950 bestimmte der Bundespräsident den Adler als Staatswappen der Bundesrepublik Deutschland. Das Staatswappen hat die Farben der Flagge Deutschlands Schwarz-Rot-Gold.

- **Stadtrat (der), -räte / Stadträtin (die), -nen**

Mitglied des Stadtrats, des obersten Gremiums einer Stadt.

- **Stadtstaat (der), -en**
  die Stadt + der Staat

Es gibt drei Stadtstaaten: Berlin, Hamburg und Bremen. Die Stadtstaaten sind in Deutschland Bundesländer, die nur aus einer Stadt bestehen, im Gegensatz zu den Flächenländern. Sie sind Bundesland und auch Kommune. Der Ministerpräsident heißt Regierender Bürgermeister / Regierende Bürgermeisterin oder Erster Bürgermeister / Erste Bürgermeisterin oder nur Bürgermeister/Bürgermeisterin. Die Regierung heißt „Senat" und die Minister „Senatoren". In Berlin heißt das Landesparlament „Abgeordnetenhaus von Berlin" und in Hamburg und Bremen heißt es „Bürgerschaft".

- **Standesamt (das), -ämter**

Jede Gemeinde hat ein St. In Großstädten haben die Stadtteile ein Standesamt. Es hat folgende Aufgaben:
1. Geburt: Geburten werden eingetragen, die Geburtsurkunde wird ausgestellt.
2. Heirat oder Eheschließung: Die Trauung im St. muss immer vor der Trauung in der Kirche stattfinden. Viele heiraten nur im St.
3. Tod: Das St. stellt die Sterbeurkunde aus.

- **Stasi (die)**
Siehe „Staatssicherheit".

- **Stauffenberg (1907–1944)**

Claus Schenk Graf von St. war Offizier der deutschen Wehrmacht und zentrale Figur des militärischen Widerstands gegen den Nationalsozialismus. Er verübte am 20. Juli 1944 ein Attentat auf Hitler, das aber scheiterte. Er wurde hingerichtet.

- **Steuer (die), -n**

= Abgaben (Zahlungen) an den Staat, an den Bund, an die Länder und Gemeinden, z.B. die Einkommensteuer, die Lohnsteuer, die Gewerbesteuer, die Mehrwertsteuer usw. Es besteht Steuerpflicht.

Jeder muss entsprechend seiner Leistungsfähigkeit zur Finanzierung des Staates beitragen.

- **Steuererklärung (die), -en**
  die Steuer + die Erklärung

Eine S. ist ein elektronisches Formular, das man ausfüllt und ans Finanzamt schickt. Man gibt Auskunft über seine Einnahmen und Ausgaben.

Die S. ist eine Information für das Finanzamt, in der mitgeteilt wird, wie viel man in einem Jahr verdient und wie viel man ausgegeben hat. Das Finanzamt entscheidet dann, ob und wie viel Steuern man bezahlen muss.

- **Steuerpflicht (die)**
  die Steuer + die Pflicht

Siehe „Rechte und Pflichten".

- **Steuerrecht (das)**
  die Steuer + das Recht

Siehe „Rechte und Pflichten".

- **Stimmzettel (der), -**
  die Stimme + der Zettel

Der Wähler macht auf dem Stimmzettel Kreuze für eine Person (= Erststimme) und für eine Partei (= Zweitstimme).

- **Strafe (die), -n**

St. folgt auf das Unrecht einer Tat. Es gibt Geldstrafen und Gefängnisstrafen.

- **strafmündig (Adj.)**
  die Strafe + mündig (Adj.); Nomen: die Strafmündigkeit

Jugendliche ab 14 Jahren sind st. Wenn sie gegen Gesetze verstoßen und das Unrecht der Tat einsehen, werden sie nach dem Jugendstrafrecht bestraft. Mit 18 Jahren sind Jugendliche volljährig und voll verantwortlich.

- **Strafrecht (das)**
  die Strafe + das Recht
  Siehe „Recht".

- **Strafsache (die), -n**
  S. ist die Klärung einer Straftat vor Gericht.

- **Streik (der), -s**
  Verb: streiken, er/sie streikt, streikte, hat gestreikt
  Wenn Tarifauseinanderzungen scheitern und die Schlichtung kein Ergebnis bringt, kann die Gewerkschaft zum Streik aufrufen. Die Beschäftigten legen dann die Arbeit für eine bestimmte Zeit nieder.

- **Studium (das), Studien**
  Verb: studieren, er/sie studiert, studierte, hat studiert; Personen: der Student, -en / die Studentin, -nen
  Mit dem Abitur kann man ein Studium an einer Universität oder Hochschule beginnen. Mit dem Fachabitur kann man an einer Fachhochschule (FH) studieren. Das Studium an einer Fachhochschule hat mehr Praxis als an einer Universität. Wer Deutsch nicht als Muttersprache spricht und die Studienqualifikation nicht an einer deutschsprachigen Einrichtung erworben hat, muss gute Deutschkenntnisse nachweisen und eine Prüfung machen: die DSH (Deutsche Sprachprüfung für den Hochschulzugang) oder TestDaF. In Deutschland ist das Studium meistens kostenlos. Es ist aber wichtig, sich über mögliche Studiengebühren in einem bestimmten Bundesland und an einer bestimmten Universität zu informieren.

- **Stunde Null (die)**
  „Die Stunde Null" war das Ende des Zweiten Weltkriegs (der 8. Mai 1945) und der Beginn des Wiederaufbaus in Deutschland.

- **subsidiärer Schutz**
  (!) der subsidiäre Schutz
  = eingeschränkter Schutz. Flüchtlinge bekommen s. S., wenn ihnen von staatlicher oder nichtstaatlicher Seite in ihrem Heimatland ernsthafter Schaden droht, z.B. die Todesstrafe, Folter oder Gewalt in einem internationalen oder innerstaatlichen Konflikt. Flüchtlinge erhalten eine Aufenthaltserlaubnis für ein Jahr, die verlängert werden kann, Niederlassungserlaubnis nach 5 Jahren (Voraussetzung: sicherer Lebensunterhalt, ausreichende Deutschkenntnisse) und den Zugang zum Arbeitsmarkt. Seit 2018 können eine begrenzte Zahl von direkten Angehörigen nach Deutschland geholt werden.

- **Synagoge (die), -n**
  jüdisches Gotteshaus. Es ist ein Haus des Gebets und der Versammlung einer jüdischen Gemeinde.

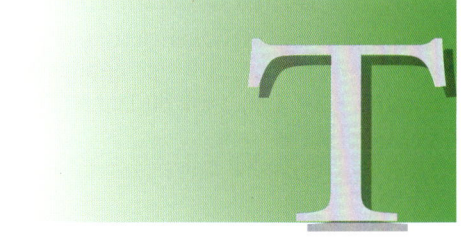

- **Tafel (die), -n**
  Die über 900 Tafeln gehören zu gemeinnützigen Organisationen, sind zum Teil Vereine und finanzieren sich durch Spenden. Sie verteilen Lebensmittel an Bedürftige und beliefern soziale Einrichtungen. Ein

Drittel der Bedürftigen sind Alleinerziehende mit Kindern, ein Drittel alte Menschen. Auch Flüchtlinge, die noch keine Arbeit gefunden haben, kommen zu den Tafeln. Die überschüssigen Lebensmittel von Supermärkten, Bäckereien und anderen werden kostenlos oder gegen einen geringen symbolischen Betrag ausgegeben.
Der Bundesverband Deutsche Tafel, gegründet 1995, ist Sprachrohr der Tafeln. Schirmherr ist das Bundesfamilienministerium.

- **Tag der Arbeit (der)**

Der 1. Mai wird als „Tag der Arbeit" bezeichnet. In vielen Ländern ist er wie in Deutschland ein gesetzlicher Feiertag.
Die Gewerkschaften laden zu Veranstaltungen und Kundgebungen ein und demonstrieren für bessere soziale Arbeitsbedingungen. Der 1. Mai hat eine über hundertjährige Geschichte.

- **Tag der Deutschen Einheit (der)**

Der 3. Oktober ist Nationalfeiertag. Am 3. Oktober 1990 trat die DDR der Bundesrepublik Deutschland bei. Damit war die Einheit Deutschlands wiedergewonnen.

- **tagen**

tagt, tagte, hat getagt; Nomen:
die Tagung, -en

= sich versammeln. Beispiel: Die Vertreter von fünfzig Ländern tagten eine Woche lang.

- **Tagesmutter (die), -mütter**

der Tag + die Mutter

Eine T. kümmert sich während des Tages um ein Kind bei sich zu Hause. Meist sind es kleine Gruppen bis zu fünf Kindern im Alter von 9 Wochen bis 14 Jahren. Es gibt auch Tagesväter. Kinderbetreuung ist ein Beruf, der die Pflegeerlaubnis des Jugendamtes braucht. Kinderfrauen dagegen arbeiten in den Räumen der jeweiligen Familie. Die Betreuer sind Minijobber oder Selbstständige. Kinderbetreuung soll die Vereinbarkeit von Familie und Beruf ermöglichen.

- **Tageszeitung (die), -en**

der Tag + die Zeitung

Tageszeitungen erscheinen täglich außer an Sonn- und Feiertagen. Die größten Tageszeitungen sind „Bild", die „Süddeutsche Zeitung", die „Frankfurter Allgemeine Zeitung" und „Die Welt". Das Grundgesetz garantiert das Recht auf freie und öffentliche Meinungsäußerung und die Freiheit der Presse, des Hörfunks und des Fernsehens.
In Deutschland ist die Gesamtauflage der Tageszeitungen zurückgegangen. Gedruckt plus online plus mobil (Apps) erreichen mehr Menschen, aber die Gewinne gehen zurück. Für Ältere ist Zeitunglesen noch ein Kulturgut, Jüngere bevorzugen das Internet und die mobile Nutzung.

- **Tarifvertrag (der), -verträge**

der Tarif + der Vertrag

Ein T. ist ein Vertrag zwischen einem Arbeitgeberverband oder einem einzelnen Arbeitgeber und einer Gewerkschaft. Der Vertrag ist das Ergebnis der Tarifverhandlungen. Thema sind die Höhe von Löhnen und Gehältern, die Arbeitszeiten und der Urlaub.
Arbeitnehmer werden durch Gewerkschaften vertreten, Arbeitgeber durch Arbeitgeberverbände. Beide sind Tarifpartner. Die Tarifverträge werden ohne Einmischung des Staates (= Tarifautonomie) ausgehandelt. Die Verträge legen die Löhne und Gehälter, die Arbeitszeit, die Urlaubsdauer usw. für eine Branche fest.
Kleine Unternehmen oder Start-ups sind im Allgemeinen nicht an einen T. gebunden und die Bedeutung von Tarifverträgen hat abgenommen. Der gesetzliche Mindestlohn ist dafür wichtiger geworden.

- **teilnehmen an + D**
  er/sie nimmt teil, nahm teil, hat teilgenommen
  Beispiel: Sie/Er hat an einem Erste-Hilfe-Kurs teilgenommen.

- **Teilung (die)**

  Die Teilung Deutschlands und Berlins war die Existenz zweier deutscher Staaten von 1949 bis zur Wiedervereinigung 1990. Sie war das Ergebnis des Zweiten Weltkriegs und des Kalten Kriegs zwischen ehemaligen Verbündeten. Symbol der Teilung war die Berliner Mauer.

- **Terror (der) / Terrorismus (der)**
  Adj.: terroristisch; Personen: Terrorist, -en / Terroristin, -nen
  Terrorismus sind Gewaltakte gegen Menschen oder Sachen, um bestimmte politische, religiöse oder ideologische Ziele zu erreichen. Terror ist das Verbreiten von Angst und Schrecken durch Gewalt.

- **Terrorverdächtige (der, die) ,-n**
  der Terror + verdächtig (Adj.); (!) der Terrorverdächtige / ein Terrorverdächtiger
  Ein T. ist verdächtig, einen Anschlag verüben zu wollen. Er kann festgenommen werden.

- **Theater (das), –**
  Deutschland ist bekannt für seine einzigartige Theaterlandschaft, die über die Grenzen hinaus viele Freunde hat. Die Tradition reicht bis ins 18. Jahrhundert zurück, als Deutschland noch aus vielen Kleinstaaten bestand.
  Heute subventionieren die Länder und Kommunen ihre Theater, deren künstlerische Unabhängigkeit aber garantiert ist. Gespielt wird an ca. 300 Bühnen. Dazu kommen die vielen kleinen freien Privattheater, die aber nur geringe Zuschüsse von ihrer Stadt bekommen.

- **Todesstrafe (die)**
  der Tod + die Strafe
  In Artikel 102 des Grundgesetzes heißt es: „Die Todesstrafe ist abgeschafft."
  In der europäischen Menschrechtskonvention war die T. seit 1983 weitgehend abgeschafft, ausgenommen für Kriegsverbrechen. In einem Zusatzprotokoll wurde sie dann 2002 vollständig verboten. Der Verzicht auf die T. ist Bedingung für eine EU-Mitgliedschaft.
  Die T. ist in vielen Ländern noch immer erlaubt. Menschenrechtsorganisationen, darunter Amnesty International, setzen sich seit Jahrzehnten für die Abschaffung ein.

- **Toleranz (die)**
  Adj.: tolerant
  Verb: tolerieren, er/sie toleriert, tolerierte, hat toleriert
  T. ist der Respekt vor anderen Meinungen, Religionen oder Lebensstilen.

- **Tourismus (der)**
  Alles, was mit Reisen zu tun hat.
  Tourist (der), -en / Touristin (die), -nen
  = Jemand, der reist und fremde Städte und Länder kennenlernen will.

- **traditionell (Adj.)**
  Nomen: die Tradition, -en
  1. entsprechend einer Tradition: Der traditionelle Umzug findet am letzten Sonntag im September statt. 2. gewöhnlich: Lisa wählt traditionell die (+ Partei).

- **Trümmerfrau (die), -en**
  die Trümmer (Pl.) + die Frau
  Nach dem Zweiten Weltkrieg lagen viele Städte in Trümmern. Viele Männer waren gefallen oder in Kriegsgefangenschaft. Die Alliierten Besatzungsmächte riefen Frauen zwischen 15 und 50 Jahren auf, die Trümmer aufzuräumen, und

hoben die Bestimmungen für den Arbeitsschutz für Frauen auf.
Es gab auch viele Freiwillige, die sie unterstützten. Millionen von Kubikmetern Trümmer wurden abtransportiert, mit Schubkarren, zum Teil auch über Eisenbahnen, oder zu Trümmerbergen aufgeschüttet. Ein Viertel aller Wohnungen war zerstört, ein weiteres Viertel stark beschädigt.

- **überfallen**

  er/sie überfällt, überfiel, hat überfallen; wird/wurde überfallen, ist überfallen worden. Nomen: der Überfall, Überfälle

  Beispiel: „Hast du schon gehört? Die Tankstelle ist überfallen worden."

- **Übergangsklasse (die), -n**

  der Übergang + die Klasse

  Übergangsklassen sind für Schülerinnen und Schüler mit nichtdeutscher Sprache bestimmt. In bis zu zwei Jahren werden sie für den Unterricht in der Regelklasse vorbereitet. Schwerpunkt ist die deutsche Sprache.

- **überwachen**

  er/sie überwacht, überwachte, hat überwacht

  Beispiele: Die Gerichte überwachen die Einhaltung der Gesetze. - Videokameras überwachen die Sicherheit auf Bahnhöfen, Flughäfen und öffentlichen Plätzen.

- **Umsatzsteuer (die)**

  der Umsatz + die Steuer

  Alle Verbraucher bezahlen auf alle Waren und Dienstleistungen eine U. Sie beträgt zurzeit 19 Prozent oder ermäßigt 7 Prozent. Die U. ist eine Haupteinnahmequelle des Staates. Siehe auch „Mehrwertsteuer".

- **Umwelt (die)**

  U. ist Natur, zu der der Mensch eine Beziehung hat. Beispiel: Der Klimawandel hat Folgen für die Umwelt.

- **Umweltschutz (der)**

  die Umwelt + der Schutz

  U. ist alles, was getan wird, um die Umwelt zu schützen, damit die Natur erhalten und die Menschen gesund bleiben.

- **unabhängig (Adj.)**

  U. ist, wer ohne Einfluss von außen entscheiden kann. Beispiel: Richter sind unabhängig.

- **unantastbar (Adj.)**

  In Artikel 1 des Grundgesetzes steht: „Die Würde des Menschen ist unantastbar." (= ist garantiert und darf nicht angetastet, verletzt werden)

- **Unfallversicherung (die), -en**

  der Unfall + die Versicherung

  Versicherung, um sich gegen die Folgen eines Unfalls bei der Arbeit, im Verkehr oder im privaten Bereich zu schützen. Beispiel: „Marco hatte einen Verkehrsunfall. Er war schuld und hat ihn gleich der Versicherung gemeldet. Die Versicherung trägt die Kosten; für Marco wird sie aber teurer." Die U. wird privat bezahlt, die Arbeits-U. vom Arbeitgeber.

- **Ungleichbehandlung (die)**

  ungleich (Adj.) + die Behandlung

  Die Gesetze verbieten U. Alle sind vor dem Gesetz gleich.

- **Universität (die), -en**
  In der Bundesrepublik Deutschland gibt es über 400 staatliche bzw. staatlich anerkannte Hochschulen. Man unterscheidet Universitäten, Technische Universitäten (TUs), Hochschulen einer bestimmten Fachrichtung (z.B. Theologie, Medizin), Pädagogische Hochschulen, Kunst- und Musikhochschulen. In Fachhochschulen geht es weniger um Grundlagenforschung als um eine praxisbezogene Ausbildung und industrienahe Projekte.
  Die ältesten Universitäten sind Erfurt (1379), Heidelberg (1386), Köln (1388), Würzburg, (1402), Leipzig (1409). Es gibt in Deutschland auch private Hochschulen mit dem Titel Universität (z.B. Witten-Herdecke).

- **UNO (die)**
  (= UN = United Nations Organization, die Vereinten Nationen) Im Jahr 1945 gegründete internationale Organisation mit Sitz in New York. Sie arbeitete die „Allgemeine Erklärung der Menschenrechte" aus, die für alle Menschen gilt.
  Die Ziele der verschiedenen Organisationen der UNO sind u.a.: Sicherung des Weltfriedens und der internationalen Sicherheit, der Flüchtlingsschutz (UNHCR), das Welternährungsprogramm (FAO), Entwicklungshilfe und humanitäre Hilfe, Bekämpfung von extremer Armut und Hunger, Bekämpfung von Krankheiten (WHO), Sicherung von Bildung, Wissenschaft und Kultur (UNESCO), Hilfe für Kinder (Kinderhilfswerk UNICEF).

- **unsozial (Adj.)**
  = egoistisch; Gegenteil von „sozial". Beispiel: Martina spendet nie. Ihr Verhalten ist unsozial.

- **Unterkunft (die), -künfte**
  = Ort zum Übernachten oder Wohnen.

- **Unterlagen (die) (Pl.)**
  = Papiere, die helfen, etwas zu beweisen oder zu organisieren.
  Beispiel: Ich schicke Ihnen die U. für das Projekt zu.

- **Unternehmer (der), - / Unternehmerin (die), -nen**
  Beispiel: Wer eine Firma gründet und Eigentümer ist, ist U.

- **Unterschriftensammlung (die), -en**
  die Unterschrift + die Sammlung; Verb: unterschreiben, er/sie unterschreibt, unterschrieb, hat unterschrieben
  Eine U. ist die Bitte um eine Unterschrift für einen bestimmten Zweck. Beispiel: Wir sammeln Unterschriften für das Bürgerbegehren „Mehr Grünflächen".

- **Urkunde (die), -n**
  = ein offizielles schriftliches Dokument.

- **Urteil (das), -e**
  Verb: verurteilen, er/sie verurteilt, verurteilte, hat verurteilt;
  verurteilt werden, er/sie wird verurteilt, wurde verurteilt, ist verurteilt worden
  Beispiel: Das U. lautete auf drei Jahre Gefängnis.

- **verabschieden**
  er/sie verabschiedet, verabschiedete, hat verabschiedet

Bundestag und Bundesrat versabschieden die Gesetze. Diese sind dann gültig.

- **Verband (der), Verbände**

Ein V. vertritt die Interessen mehrerer Mitglieder. Mitglieder sind Unternehmen oder andere Institutionen. Beispiele: Industrieverbände, Berufsverbände, Verbraucherverbände.
Wichtig sind die nichtstaatlichen Wohlfahrtsverbände:
- die AWO: die Arbeiterwohlfahrt,
- die Caritas: ein Verband der katholischen Kirche,
- die Diakonie: ein Verband der evangelischen Kirche,
- der Paritätische Wohlfahrtsverband,
- das DRK: das Deutsche Rote Kreuz,
- die Zentralwohlfahrtsstelle der Juden.

Die Verbände sind für den Sozialstaat charakteristisch. Sie arbeiten im Sozial- und Gesundheitswesen. Sie sind private Institutionen mit öffentlichen Aufgaben und werden vom Staat unterstützt.

- **verbieten**
  er/sie verbietet, verbot, hat verboten.
  Nomen: das Verbot, -e

= untersagen, „nein" sagen: Beispiel: Es ist schwirig, eine Partei zu verbieten. Das ist nur möglich, wenn eine Partei gegen den Staat arbeitet und ihn beseitigen will.

- **Verbraucherzentrale (die), -n**
  die Verbraucher (Pl.) + die Zentrale;
  Nomen: der Verbraucherschutz

Es gibt Verbraucherzentralen in allen Bundesländern. Sie sind unabhängig und beraten und informieren zum Verbraucherschutz. Sie helfen bei Rechtsproblemen und vertreten die Interessen der Verbraucher gegenüber der Politik.
Beispiele: Die Verbraucherzentralen wollen, dass Produkte sicher und umweltfreundlich sind. Sie wollen, dass man erkennen kann, was in Lebensmitteln enthalten ist. Sie wollen Beratung über Finanzprodukte. Sie wollen niedrigere Kosten für Energie.

- **Verein (der), -e**

Vereine sind Organisationen, in denen Menschen mit den gleichen Interessen zusammenkommen, z.B. Sportvereine, Gesangsvereine, Wandervereine, Naturschutzvereine usw. Sie sind demokratisch organisiert.

- **vereinbar (Adj.)**

Beispiel: Prügelstrafe ist mit dem Grundgesetz nicht vereinbar (= verboten).

- **Verfassung (die), -en**

Siehe „Grundgesetz".

- **Verfassungsorgan (das), -e / Staatsorgan (das), -e**
  die Verfassung / der Staat + das Organ

= die obersten Organe des Staates: der Bundespräsident, der Bundestag, der Bundesrat, die Bundesregierung, die Bundesversammlung, der Gemeinsame Ausschuss, das Bundesverfassungsgericht. Die Rechte und Pflichten der Bundesorgane sind im Grundgesetz geregelt. Sie regulieren sich gegenseitig.

- **verfassungswidrig (Adj.)**

= nicht vereinbar mit der Verfassung. Ein Gesetz ist v., wenn es das Grundgesetz verletzt.

- **verhaften**

    er/sie verhaftet, verhaftete, hat verhaftet

    = festnehmen, ins Gefängnis bringen. Beispiel: Nach dem Überfall konnte der Täter sofort verhaftet werden.

- **Verhältniswahlrecht (das)**

    das Verhältnis + die Wahl + das Recht

Bei der Wahl zum Bundestag gibt es in Deutschland eine Mischung aus Verhältniswahl (Wahl einer Partei) und Mehrheitswahl (Wahl des Direktkandidaten).
Vor der Wahl stellen Parteien Listen für das ganze Land auf. Die Wählerinnen und Wähler entscheiden sich für eine bestimmte Partei (die Zweitstimme). Je mehr Stimmen eine Partei bekommt, desto mehr Kandidaten schickt sie ins Parlament. Die Wählerinnen und Wähler haben jedoch zwei Stimmen: Sie entscheiden sich auf dem Stimmzettel mit der Erststimme direkt für einen bestimmten Kandidaten und geben ihm den Auftrag, sie im Bundestag zu vertreten, wenn er die meisten Stimmen im Wahlkreis erhält.

- **Verkehrsmittel (das), -**

    Öffentliche Verkehrsmittel in der Stadt sind die S-Bahn, die U-Bahn, die Straßenbahn und der Bus. Im Fernverkehr verkehren Flugzeuge, Bahnen (ICE-Bahnen, Regionalbahnen, Euro-City-Bahnen) und Fernbusse.

- **Verkehrsrecht (das)**

    der Verkehr + das Recht

    V. ist das Straßenverkehrsrecht. Es bestimmt die Regeln für einen sicheren und funktionierenden Straßenverkehr. Verkehrsteilnehmer: Lkws (= Lastkraftwagen), Pkws (= Personenkraftwagen), Motorräder, Fahrräder.

- **Vernichtung (die)**

    Verb: vernichten, er/sie vernichtet, vernichtete, hat vernichtet

    1. = die Zerstörung. Beispiel: Alte Akten können vernichtet werden.
2. Mit der Machtübernahme der Nationalsozialisten am 30. Januar 1933 begann die gewaltsame Verfolgung und gesetzliche Diskriminierung der Juden bis hin zur Deportation und systematischen Vernichtung.

- **sich versammeln**

    sie versammeln sich, versammelten sich, haben sich versammelt

    Beispiel: Regelmäßig versammeln sich Menschen, die mit Pulse of Europe für Europa demonstrieren.

- **Versammlungsfreiheit (die)**

    die Versammlung + die Freiheit.

V. bedeutet, dass Demonstrationen und öffentliche Aktionen durchgeführt werden dürfen. Sie müssen aber angemeldet werden und dürfen nicht gegen die Verfassung verstoßen. Siehe „Grundgesetz".

- **Versicherung (die), -en**

    Verb: (sich) versichern er/sie versichert (sich), versicherte (sich), hat (sich) versichert

Zu den Sozialversicherungen (= Pflichtversicherungen) gehören die Krankenversicherung, die Pflegeversicherung, die Rentenversicherung und die Arbeitslosenversicherung. Sie werden vom

Bruttolohn abgezogen. Der Arbeitnehmer erhält den Nettolohn. Siehe „Sozialversicherungen".
Es gibt außerdem:
- die private Unfallversicherung (freiwillig),
- die private Haftpflichtversicherung (gegen Schäden, die man selbst verursacht),
- die Berufsunfallversicherung (zahlt der Arbeitgeber),
- die Kfz (= Kraftfahrzeug)-Versicherung (die Autoversicherung gegen Unfälle. Sie ist Pflicht bei Besitz eines Autos).

- **verstoßen gegen + A**

  er/sie verstößt, verstieß, hat verstoßen

  = verletzen. Beispiel: Der Autofahrer hat gegen die Verkehrsregeln verstoßen und muss ein Bußgeld zahlen.

- **Vertrag (der), Verträge**

  = das Dokument, das eine Abmachung zwischen zwei Parteien festhält. Beispiel: Ich habe diesen V. unterschrieben. Das ist mein erster Arbeitsvertrag.

- **Vertrauensfrage (die)**

  das Vertrauen + die Frage

  Der Bundeskanzler / Die Bundeskanzlerin kann dem Bundestag die Vertrauensfrage stellen. Er/Sie lässt damit prüfen, ob er/sie noch die Mehrheit der Abgeordneten hinter sich hat. Wenn nicht, kann er/sie zurücktreten und den Bundespräsidenten bitten, den Bundestag aufzulösen. Neuwahlen sind die Folge.

- **Vertreibung (die)**

  Verb: vertreiben, er/sie vertreibt, vertrieb, hat vertrieben

  Mit V. wird die Flucht der Deutschen aus den Ostgebieten (Ostpreußen, Schlesien, Pommern) und aus anderen Ländern am Ende des Zweiten Weltkriegs bezeichnet. Die Menschen mussten ihre Heimat in Richtung Westen verlassen. Man nennt sie Vertriebene.

- **vertreten**

  er/sie vertritt, vertrat, hat vertreten

  1. Beispiel: Der Minister vertritt eine Meinung, die viele (nicht) teilen.
  2. Beispiel: Mein Kollege hat zwei Wochen Urlaub. Ich vertrete ihn in dieser Zeit.

- **Vertreter (der), - / Vertreterin (die), -nen**

  Verb: vertreten, er/sie vertritt, vertrat, hat vertreten; Nomen: die Vertretung, -en

  1. Repräsentant, Anhänger. Jemand ist Vertreter des Staates / der Wirtschaft / der Kirche.
  2. Beispiel: Herr Meier ist der Vertreter von Frau Klein, die in Urlaub ist.

- **Verwaltung (die)**

  Die V. in der Bundesrepublik ist in drei Stufen aufgebaut: die Bundesebene, die Landesebene (Bundesländer und Stadtstaaten) und die kommunale Ebene (Landkreise, Gemeinden/Kommunen und kreisfreie Städte, d.h. Städte mit eigenen Rechten).

- **vierte Gewalt (die)**

  Die öffentlichen Medien wie Presse, Fernsehen und Rundfunk werden auch als vierte Gewalt bezeichnet. Sie haben in einer Demokratie wichtige Aufgaben. Medien sollen die Bevölkerung informieren und Kritik und Diskussion ermöglichen.

- **Visum (das), Visa**

  Bürger von außerhalb der EU und des EWRs brauchen ein Visum, wenn sie nach Deutschland reisen.

  Bürger aus der EU oder aus einem Land des Europäischen Wirtschaftsraums brauchen für die Einreise nach Deutschland kein Visum.

- **Volk (das), Völker**

    = das Staatsvolk. Das Wort „Volk" hat sehr wechselvolle Bedeutungen. Es war das Volk im Gegensatz zum Adel. In der Zeit der Nationalsozialisten wurde es ideologisch über die Idee der „Rassenzugehörigkeit" missbraucht, z.B. in dem Wort „Volksgemeinschaft".
    In neuerer Zeit bedeutet es „die Leute; die Bürger", z.B. in Volkspartei, Volksaufstand, Volkswagen, Volksrepublik. Das Wort kommt heute im Grundgesetz vor: die Staatsgewalt geht „vom Volke aus". Ebenso in: Volkssouveränität, Volksvertretung. Ein politischer Begriff im Sinne von Nation ist das Völkerrecht.
    Das Adjektiv „völkisch" wird heute von fremdenfeindlichen Rechtspopulisten gebraucht, die sich gegen andere ethnische Gruppen abgrenzen wollen.

- **Volksaufstand des 17. Juni (der)**

    das Volk + der Aufstand

    Der 17. Juni 1953 ist der Tag des Volksaufstands in der DDR.
    Die Einführung des Sozialismus hatte zur Verstaatlichung von Betrieben, zur Bodenreform (keine selbstständigen Bauern mehr) und zur Erhöhung der Arbeitsnormen (= d. h. die Arbeit, die in einer bestimmten Zeit geleistet werden muss, und ihre Bedingungen) geführt. In Großbetrieben wurde gestreikt; große Demonstrationen bildeten sich und es wurden wichtige Verwaltungsgebäude besetzt. Die Demonstranten forderten den Rücktritt der DDR-Regierung und freie Wahlen. Zuletzt verhängte die Sowjetunion den Ausnahmezustand und schlug den Aufstand mit Panzern nieder.

- **Volksbegehren (das), - und Volksentscheid (der), -e**

    Die Volksbegehren sind direkte Demokratie in einem Bundesland (siehe auch „Bürgerbegehren" auf kommunaler Ebene). Mit dem Volksbegehren beantragen die Bürger die Durchführung eines Volksentscheids. Dazu brauchen sie eine bestimmte Anzahl von Unterschriften. Beispiele: Volksbegehren für gute Schulen, gegen Studiengebühren, für Nachtflugverbote, gegen Massentierhaltung, gegen Windräder im Wald.
    Die Themen sind landespolitisch, nicht bundespolitisch.

- **Volkshochschule (die), -n**

    das Volk + die Schule

    Die V. ist eine Einrichtung der Weiterbildung. Sie ist eine Schule für Erwachsene, die z.B. eine Sprache lernen wollen.

- **Volkssouveränität (die)**

    das Volk + die Souveränität

    V. ist ein Prinzip der Demokratie. Das heißt: Alle Staatsgewalt (= Macht) geht vom Volke aus (Grundgesetz Artikel 20). Das Volk wählt die Politiker und die Parteien, die seine Interessen vertreten.

- **Volksvertretung (die), -en**

    das Volk + die Vertretung. Verb: vertreten, er/sie vertritt, vertrat, hat vertreten

    Die Abgeordneten im Parlament sind die Vertretung des Volkes.

- **volljährig (Adj.)**

    = erwachsen, mündig. Wer 18 Jahre alt ist, ist volljährig.
    Minderjährige werden mit 18 Jahren rechtlich zu Erwachsenen. Sie dürfen wählen und gewählt werden, eine eigene Wohnung mieten, Verträge abschließen (Mietvertrag, Kaufvertrag usw.), ein Girokonto eröffnen, den Führerschein machen, heiraten usw. Die Eltern müssen nicht mehr zustimmen.

- **vorschlagen**
  er/sie schlägt vor, schlug vor, hat vorgeschlagen. Nomen: der Vorschlag, Vorschläge

Beispiel: Die Regierung hat ein neues Gesetz vorgeschlagen.

- **Wahl (die), -en**
  Verb: wählen, er/sie wählt, wählte, hat gewählt

Die Menschen in Deutschland dürfen ab 18 Jahren wählen (aktives Wahlrecht) und auch gewählt werden (passives Wahlrecht). Die Wahlen sind frei, allgemein und geheim. Sie finden in Wahllokalen statt, meistens in Schulen.

Der Wähler darf nicht beeinflusst oder zu einer Entscheidung gezwungen werden, wenn er seine Stimme abgibt. Er darf durch seine Wahl keine Nachteile haben.

Europawahl: Alle 5 Jahre wählen alle EU-Bürger das Europaparlament in Straßburg.

Bundestagswahl: Alle 4 Jahre wählen alle deutschen Staatsbürger den Bundestag in Berlin. Auf dem Stimmzettel kann jeder Bürger zwei Kreuze machen: für einen Politiker und für eine Partei.

Landtagswahl: Alle 4 oder 5 Jahre wählen die deutschen Staatsbürger eines Bundeslandes die Landtage in den Bundesländern. In den Stadtstaaten Berlin, Hamburg und Bremen wählen sie die Senate. Die Wahlen in den Bundesändern und Städten finden nicht gleichzeitig statt.

Kommunalwahl: Alle deutschen Staatsbürger und alle EU-Ausländer/innen wählen alle 4 oder 5 Jahre den Bürgermeister ihrer Stadt. Sie wählen auch die Gemeinderäte und Kreisräte.

Wahl der Ausländerbeiräte: Ausländer und Ausländerinnen wählen alle 5 Jahre die Ausländerbeiräte in den Kommunen.

- **Wahlalter (das)**
  die Wahl + das Alter

Der Bundesbürger / Die Bundesbürgerin darf ab 18 Jahren wählen und gewählt werden (aktives und passives Wahlrecht). In mehreren Bundesländern gilt das aktive Wahlrecht bei Kommunalwahlen schon ab 16 Jahren.

- **Wahlbenachrichtigung (die), -en**
  die Wahl + die Benachrichtigung

Jede(r) wahlberechtigte Bürger/Bürgerin bekommt vor der Wahl eine W. der Gemeinde.

- **wahlberechtigt (Adj.)**
  = ist berechtigt (= hat das Recht) zu wählen.

- **Wahlhelfer (der), - / Wahlhelferin (die), -nen**
  die Wahl + der Helfer

Vor jeder Wahl bestimmen die Gemeindebehörden die Wahlhelfer (= Wahlberechtigte aus der Gemeinde), die im Wahllokal die Wahl begleiten. Sie überprüfen die Wahlscheine. Nach der Wahl zählen sie die Stimmen und stellen das Wahlergebnis fest. Die W. arbeiten ehrenamtlich.

- **Wahllokal (das), -e**
  die Wahl + das Lokal

Das W. ist der öffentliche Ort, an dem eine Wahl stattfindet. Wahllokale sind meist in Schulen eingerichtet. Es ist auch möglich, sich für die Briefwahl zu entscheiden.

- **Wahlpflicht (die)**
  die Wahl + die Pflicht

In Deutschland gibt es das Recht zu wählen, aber nicht die Pflicht dazu.

- **Wahlrecht (das)**
  die Wahl + das Recht

Das W. ist das Recht zu wählen. Jeder kann entscheiden, ob er wählen möchte und wen er wählen möchte. Es gibt das aktive und das passive Wahlrecht. Aktiv: Ich wähle jemanden in ein politisches Amt, passiv: Ich kann gewählt werden, zum Beispiel in ein politisches Amt. Wer mit 18 Jahren wählen darf, hat das aktive und das passive Wahlrecht.

Das allgemeine W. ist im Grundgesetz festgelegt. Es ist eine tragende Säule der Demokratie. Die Wahlen zur Frankfurter Nationalversammlung 1848 führten kurzfristig die ersten allgemeinen Wahlen für Männer ein. 1871 im neu gegründeten Deutschen Reich gab es ein Männerwahlrecht, 1919 dann mit der Wahl zur Nationalversammlung der Weimarer Republik zum ersten Mal auch das Frauenwahlrecht.

- **Wahlsystem (das)**
  die Wahl + das System

Das W. in Deutschland ist eine Kombination von Mehrheits- und Verhältniswahlrecht.

- **Währungsreform (die)**
  die Währung + die Reform

Die W. trat 1948 in den drei westlichen Besatzungszonen in Kraft. Die Deutsche Mark (kurz auch „D-Mark" oder „DM") löste die Reichsmark ab. Die W. war die Grundlage für den Aufbau der Marktwirtschaft.

- **Währungsunion (die)**
  die Währung + die Union

Die Europäische W. ist der Zusammenschluss von EU-Mitgliedsstaaten in der Geld- und Währungspolitik. Die Währung der Europäischen W. ist der Euro.

> Der W. gehören nicht alle EU-Staaten an. Einige Länder wollen noch beitreten; sie erfüllen noch nicht die Bedingungen für einen Beitritt. Andere lehnen die gemeinsame Währung ab, da sie einen gewissen Verzicht von Souveränität darstellt.

- **Ware (die), –n**

Beispiel: Die Ware der Firma Kroll ist gestern angekommen.

- **Warenverkehr (der)**
  die Waren (Pl.) + der Verkehr

Der W. innerhalb der EU ist frei. Waren, die in ein Land außerhalb der EU exportiert werden, und Waren, die aus einem Land außerhalb der EU importiert werden, gehen durch den Zoll.

- **Warschauer Pakt (der)**

Der W. war das Militärbündnis von Staaten des Ostblocks unter der Führung der Sowjetunion. Er existierte von 1955 bis 1991. Im Kalten Krieg war er das Gegenstück zur NATO, dem Nordatlantikpakt, der von den USA geführt wird.

- **WASG (die)**

(= Verein „Wahlalternative Arbeit und soziale Gerechtigkeit e.V.") Die WASG war ein linksgerichteter Verein, später eine politische Partei. Sie hatte sich 2004 aus enttäuschten Mitgliedern der SPD und der Gewerkschaft gebildet, die sich kritisch gegen die Sozialgesetze unter dem Kanzler Gerhard Schröder gewendet hatten. 2007 vereinigte sich die WASG mit der „Linkspartei.PDS" zur Partei „DIE LINKE".

- **Wehrdienst (der)**

Der W. in Deutschland ist ausgesetzt, d.h. er ist nicht mehr Pflicht, sondern freiwillig. Die Soldaten verstehen sich als „Bürger in Uniform" und die Armee ist eine Parlamentsarmee, denn das Parlament muss allen Einsätzen zustimmen. Siehe „Bundeswehr".

Weihnachten (das)

W. ist das christliche Fest der Geburt Christi. Man beschenkt sich am Vorabend, dem 24. Dezember (= Heiligabend). Es ist Brauch, einen Tannenbaum mit Kerzen zu schmücken. Weihnachten ist vor allem ein Familienfest.
Die Weihnachtszeit beginnt mit dem Advent 4 Wochen vor Weihnachten und endet am 6. Januar, dem Dreikönigstag.

Es gibt alte und neue Bräuche: z.B. den Adventskranz, das Krippenspiel (seit dem 11. Jahrhundert), den Weihnachtsbaum (einen mit Kerzen geschmückten Tannenbaum, 15. Jahrhundert) und den Weihnachtsmann (19. Jahrhundert), der angeblich die Geschenke bringt. In manchen Regionen machen der Nikolaus – ein älterer Brauch - und das Christkind dem Weihnachtsmann Konkurrenz.
Siehe „Adventskranz".

Weimarer Republik (die)

1918-1933) Die W.R. wird nach dem Ersten Weltkrieg gegründet. Sie ist die erste parlamentarische Demokratie in Deutschland. Instabil wurde sie durch Wirtschaftsprobleme, Arbeitslosigkeit und soziale Not. Die Weltwirtschaftskrise Ende der 1920er-Jahre und in den 1930er-Jahren begann mit dem New Yorker Börsencrash und führte zu hoher Inflation. Die Gegner von rechts und links agitierten gegen die demokratische Ordnung. Die NSDAP wurde immer stärker und kam 1933 an die Macht.

Weiße Rose (die)

Die W. R. war eine Gruppe von Studentinnen und Studenten in München, die schon früh Widerstand gegen die Diktatur des Nationalsozialismus geleistet haben. Zu der Gruppe gehörten die Geschwister Hans und Sophie Scholl, Alexander Schmorell, Christoph Probst, Willi Graf und Professor Kurt Huber. Sie verteilten insgesamt 6 Flugblätter, in denen sie von der „Diktatur des Bösen" sprachen und zum Widerstand gegen den Nationalsozialismus aufriefen.
Sie wurden beim Verteilen der Flugblätter in der Münchner Universität entdeckt und verhaftet. 1943 wurden sie hingerichtet.
Im Hauptgebäude der Münchner Universität gibt es heute eine Gedenkstätte für die Mitglieder der Weißen Rose.

Seit 1980 wird der Geschwister-Scholl-Preis vergeben. Es zeichnet jährlich ein Buch aus, das geistig unabhängig ist und der Gegenwart wichtige moralische Impulse gibt.

sich weiterbilden

er/sie bildet sich weiter, bildete sich weiter, hat sich weitergebildet;
Nomen: die Weiterbildung

Beispiel: Ältere Leute können sich im Seniorenstudium weiterbilden.

Weiterbildung (die)

Beispiel: W. wird in unserer Firma gefördert.

- **Weltwirtschaftskrise (die)**
  die Welt + die Wirtschaft + die Krise

Die W. begann 1929 mit dem Zusammenbruch der New Yorker Börse. Die Folgen waren Firmenpleiten, Banken schlossen und vor allem die Massenarbeitslosigkeit, die den Nationalsozialisten den Weg ebnete.

- **Wende (die)**

= eine grundsätzliche Veränderung. 1. Die friedliche Revolution 1989 in der DDR und das Ende der SED-Herrschaft werden als Wende oder Wiedervereinigung bezeichnet. Siehe „Bundesrepublik Deutschland".
    2. Die Abkehr von der Atomenergie und die Förderung alternativer Energien ist die Energiewende. Beispiel: Die Regierung hat eine Wende von 180 Grad gemacht.

- **sich wenden an + A (eine Person / eine Behörde)**
  er/sie wendet sich, wandte sich, hat sich gewandt

Beispiel: Wenn Sie Arbeit suchen, müssen Sie sich an ein Jobcenter wenden.

- **Werte (die) (Pl.)**

1. Die EU ist nicht nur eine Wirtschaftsgemeinschaft, sondern in erster Linie eine Wertegemeinschaft. Die Werte sind in Artikel 2 des Vertrages über die Europäische Union (Fassung von Lissabon) festgehalten: Achtung der Menschenwürde, Freiheit, Demokratie, Gleichheit und Wahrung der Menschenrechte (einschließlich der Rechte von Personen, die Minderheiten angehören). Diese Werte sind allen Mitgliedsstaaten in einer Gesellschaft gemeinsam, die sich auszeichnet durch: Pluralismus, Nichtdiskriminierung, Toleranz, Gerechtigkeit, Solidarität und die Gleichheit von Frauen und Männern.

2. W. sind moralisch und ethisch als gut befundene Eigenschaften einer Person innerhalb einer Gemeinschaft: z.B. Vertrauen, Ehrlichkeit, Toleranz.

- **Westdeutschland**
  der Westen + Deutschland

Der Begriff entstand während der Teilung Deutschlands. Die innerdeutsche Grenze teilte das Land in West- und Ostdeutschland. Die beiden Begriffe werden heute noch gebraucht neben „die alten und die neuen Bundesländer", z.B. für unterschiedliche Entwicklungen in Politik und Wirtschaft.

- **Wettbewerb (der)**

Siehe „Marktwirtschaft".

- **Widerspruch (der)**

W. einlegen

Man kann gegen die Entscheidung einer Behörde W. einlegen. Mit einem Einschreiben und Erläuterungen hat man einen schriftlichen Beweis.

- **Widerstand (der)**

Im Dritten Reich existierte W. von verschiedenen Seiten, aber unverbunden und während des Krieges hochgefährlich. Es gab den politischen W. der Kommunisten und Sozialdemokraten, den bürgerlichen W. (Georg Elser, Edelweißpiraten), den W. der Studenten (siehe „Weiße Rose"), den W. im Militär (siehe „Stauffenberg") und den W. von christlicher Seite (der Theologe Dietrich Bonhoeffer).

- **Wiederaufbau (der)**

Siehe „Bundesrepublik Deutschland, die 1950er Jahre".

- **Wiedervereinigung (die) oder Vereinigung (die)**

auch: die Wende. Die friedliche Revolution in der DDR in den Jahre 1989 und 1990 bereitete die Wiedervereinigung Deutschlands vor. Sie führte zum Beitritt der DDR zur Bundesrepublik Deutschland am 3. Oktober 1990. Damit endeten 40 Jahre deutsche Teilung. Der 3. Oktober ist seitdem Nationalfeiertag (= Tag der Deutschen Einheit).

Stationen in der Entwicklung zur Wiedervereinigung waren:
- die Ausreisewelle aus der DDR, die stärker werdende Opposition, die Montagsdemonstrationen in den großen Städten der DDR, Ungarn öffnete seine Grenzen, die Öffnung der Berliner Mauer am 9. November 1989.
    - Die Währungs-, Wirtschafts- und Sozialunion zwischen der Bundesrepublik Deutschland und der DDR trat am 1. Juli 1990 in Kraft: Die D-Mark galt für ganz Deutschland.
    - Bundeskanzler Kohl erhielt von Präsident Gorbatschow die Zusage, dass das vereinte Deutschland die volle und uneingeschränkte Souveränität erhalten soll.
    - Der Einigungsvertrag (= Vertrag über die Herstellung der Einheit Deutschlands) regelte den Beitritt der DDR zur Bundesrepublik. Die Volkskammer der DDR und der Deutsche Bundestag stimmten dem Einigungsvertrag im September 1990 zu.
    - Im Zwei-plus-Vier-Vertrag stimmten die Siegermächte des Zweiten Weltkriegs der Einheit der beiden deutschen Staaten zu und gaben dem vereinten Deutschland die volle Souveränität zurück. Am 3.10 1990 hört die DDR auf zu existieren.

- **Wirtschaftswunder (das)**
Siehe „Bundesrepublik Deutschland, die 1950er Jahre".

- **Wissenschaft (die), -en**
Nomen: das Wissen; Personen: der Wissenschaftler, - / die Wissenschaftlerin, -nen; Adj.: wissenschaftlich

Deutschland hat wichtige Forschungsstandorte: 20 000 forschende Industrieunternehmen, über 400 Hoch- und Fachhochschulen, Großforschungsanlagen, Max-Planck-Institute, Fraunhofer-Institute, die Helmholtz und Leibniz Gemeinschaften. Deutschland verfügt über eine leistungsfähige Infrastruktur bei Grundlagen- und angewandter Forschung. Zu den Stärken gehört auch, dass besonders häufig aus Forschung ein Produkt entsteht.

- **Wohnen (das)**
Verb: wohnen, er/sie wohnt, wohnte, hat gewohnt

Das Recht auf Wohnen ist ein internationales Menschenrecht (Europäische Sozialcharta).

- **Wohngeld (das)**
wohnen + das Geld

Das W. gibt es seit über 50 Jahren. Sozial schwache Bürgerinnen und Bürger bekommen Wohngeld. Es deckt einen Teil der Miete.

- **Wohnungsamt (das), -ämter**
die Wohnung + das Amt

Das W. ist zuständig für Sozialwohnungen. Es berät in Fragen der Wohnungsnot, bei Kündigungen und Mietpreisen.

- **Zensur (die)**
Die Pressefreiheit ist durch das Grundgesetz Artikel 5 garantiert: „Eine Zensur findet nicht statt."

- **Zentralrat (der), -räte**
In Deutschland ist Z. der Name für verschiedene Interessenvertretungen:
1. Z. der Muslime in Deutschland: Vertre-

tung von Muslimen und 21 islamischen Mitgliedsorganisationen.
2. Z. Deutscher Sinti und Roma: politischer Dachverein von 17 Mitgliedsvereinen und 9 Landesverbänden.
3. Z. Orientalischer Christen in Deutschland: Vertretung der in Deutschland lebenden Mitglieder orientalischer Kirchen.
4. Z. der Juden in Deutschland: die politische Vertretung jüdischer Gemeinden und Landesverbände. Das sind 105 jüdische Gemeinden und 100 000 Mitglieder.

- **Zertifikat (das), -e**

Beispiel: Max hat die Prüfung bestanden und das Z. bekommen.

- **Zeuge (der), -n**

Beispiel: Der Z. macht eine Aussage vor Gericht, weil er eine Straftat oder z.B. einen Verkehrsunfall beobachtet hat.

- **Zinsen (die) (Pl.)**

Beispiel: Martin Müller hat gespart und Geld auf der Bank. Er bekommt Zinsen, aber nur wenige Prozente.

- **Zoll (der)**

Der Z. überwacht die Ein- und Ausfuhr von Waren an den Landesgrenzen. Er kontrolliert auch Schwarzarbeit.

- **Zufluchtsland (das)**

die Zuflucht + das Land

Land, in dem man Schutz sucht.

- **Zugspitze (die)**

Höchster Berg Deutschlands mit 2892 Metern. Auf ihrem Gipfel verläuft die Grenze zu Österreich (Tirol). Mit einer Bahn oder einer Seilbahn gelangt man auf den Gipfel, wo im Winter Skilifte laufen und man Ski fahren kann. Auf die Z. kommen viele Besucher, denn die Aussicht ist einmalig.
Im Schneefernerhaus auf der Zugspitze sitzen zwanzig Institute in einer Umweltforschungsstation, die den Klimawandel im Alpenraum beobachten. Das Umweltbundesamt untersucht Treibhausgase und überwacht den Zustand der Erdatmosphäre. Der Deutsche Wetterdienst misst Temperatur, Luftdruck, Windgeschwindigkeiten und viele andere Wetterdaten.

- **Zusammenhalt (der)**

Die Politik hat die Pflicht, den Z. der Gesellschaft zu fördern. Er geht um das Verhältnis der Generationen zueinander, das Verhältnis von Arm und Reich und das Zusammenleben verschiedener Nationalitäten.

- **sich zusammenschließen**

sie (z.B. zwei Vereine) schließen sich zusammen, schlossen sich zusammen, haben sich zusammengeschlossen

= zusammengehen. Beispiel: Zwei Parteien haben sich zu einer Koalition zusammengeschlossen.

- **zuständig (Adj.)**

Bespiel: der Betriebsrat ist für Probleme mit der Geschäftsleitung z.

- **zustimmen**

er/sie stimmt zu, stimmte zu, hat zugestimmt

= einverstanden sein. Beispiel: Der Mindestlohn ist wichtig. Da stimmen viele zu.

- **Zuwanderung / Einwanderung (die)**

Verben: zuwandern, er/sie wandert zu, wanderte zu, ist zugewandert; einwandern, er/sie wandert ein, wanderte ein, ist eingewandert;

der Zuwanderer, - = jemand, der für längere Zeit in

ein Land kommt; der Einwanderer,- = jemand, der für immer in einem Land bleiben will.

Die Mobilität hat weltweit zugenommen. Das zeigt sich auch bei der Z. nach Deutschland. Nach Deutschland kommen
1. Menschen als Arbeitnehmer, Fachkräfte oder Selbstständige, die arbeiten wollen; auch Studenten, die studieren oder eine Ausbildung machen wollen.
2. Aus Drittstaaten kommen Asylbewerber, die vor Krieg und Verfolgung flüchten. Ein Teil wird anerkannt, aber Flüchtlinge aus sogenannten sicheren Drittstaaten haben meist kein Bleiberecht.
3. Weitere kommen aus familiären Gründen auf dem Weg des Familiennachzugs.

- **Zuwanderungsgesetz (das)**
  die Zuwanderung + das Gesetz

Das Z. ist ein Bundesgesetz von 2004. Es soll die Zuwanderung steuern und begrenzen und den Aufenthalt und die Integration von Bürgern der EU und von Ausländern regeln. Das Gesetz unterscheidet die Aufenthaltserlaubnis, die zeitlich befristet ist, und die Niederlassungserlaubnis, die unbefristet ist.

- **Zweiter Weltkrieg (1939–1945)**

Der Zweite Weltkrieg begann mit dem deutschen Überfall auf Polen am 1. September 1939. Er endete mit der bedingungslosen Kapitulation Deutschlands am 8. Mai 1945.
Mit insgesamt mehr als 60 Millionen Toten steht der Zweite Weltkrieg für die Tragödie des 20. Jahrhunderts, zusammen mit den Millionen Toten des Ersten Weltkriegs 1914-1918. Europa veränderte sich völlig, die Welt war schließlich in zwei Lager getrennt.

- **Zweitstimme (die), -n**

Je mehr Zweitstimmen eine Partei bei der Bundestagswahl erhält, desto mehr Sitze hat sie im Bundestag (siehe „Verhältniswahlrecht")

Bildquellen

Umschlag und S. 5, S. 19, S. 87: Glasscheiben zur Spreeseite beim Jakob-Kaiser-Haus des Bundestags in Berlin mit Artikeln des Grundgesetzes, Arbeit von Dani Karavan; S. 6; S. 15: Potsdamer Platz, East Side Gallery auf dem längsten noch erhaltenen Teil der Mauer; S, 21; S. 35; S. 37; S. 39; S. 47: Regierungsviertel; S. 64; S. 67; S. 85: Humboldt Universität, Berlin; S. 92 (Luscher, Renate, München)

S. 14: Klaus Kammerichs Beethon / Hans Weingartz/ Creative Commons cc-by-sa-3.0,Link: https://creaticecommons.org/licenses/by/3.0/de/, keine Veränderung

S. 19 links, S. 23; S. 48; S. 54 (Originale); S. 71 (Oft, Andreas, München)

S. 19 links unten: Kniefall Brandts 1970 im ehemaligen jüdischen Ghetto in Warschau, S. 92 rechts: Sophie Scholl (sz-Photo, München)

S. 24: Bundesverfassungsgericht Karlsruhe / Tobias Helfrich/Creative Commons cc-by-sa-3.0, Link: https://creaticecommons.org/licenses/by/3.0/de/, keine Veränderung

S. 29: Bundesländer der BRD mit Namen, Wikimedia Commons, cc-by-sa-2,5/David Liuzzo, derivative work by User: elya, keine Veränderung

S. 34: www.visitberlin.de

S. 36: Europe countries/Glentamara/ Creative Commons cc-by-sa-3.0, Link: https://creativecommons.org/licenses/by/3.0/de/, keine Veränderung

S. 38: Nina Müller, München

S. 44: Siemens Pressebild, Siemens AG München/ Berlin

S. 45: Freies Deutsches Hochstift, Frankfurt am Main

S. 69: Mitglieder der Gruppe „Schule ohne Rassismus – Schule mit Courage beim Gedenkmarsch am 27. Januar 2016 zum Gedenktag an die Opfer des Nationalsozialismus/Majo19348/Creative Commons cc-by-sa-4.0, Link: https://creativecommons.org/licenses/by-sa/4.0/deed.en, keine Veränderung

S. 81: Bergedorfer Tafel (Wolfgang Borrs)